INFLUENCIA
Lucas Leys

Influencia
Lucas Leys
Publicado por especialidades625® © 2024
Dallas, Texas.

ISBN 978-1-954149-11-3

Todas las citas bíblicas son de la Nueva Biblia Viva (NBV) a menos que se indique lo contrario.

Editado por: María Gallardo
Diseño de portada e interior: Creatorstudio.net

RESERVADOS TODOS LOS DERECHOS.
IMPRESO EN ESTADOS UNIDOS.

A Max.
Desde muy pequeño quisiste ver a otros ganar,
y me desafiaste a ser un mejor líder.

Tabla de contenido:

1. El instinto de trascendencia — 7

2. Influencia, liderazgo y espiritualidad — 19

3. Humildad, que no es complejo de inferioridad — 37

4. Ver, realmente ver — 55

5. Autoridad — 73

6. Esa ladrona llamada procrastinación — 91

7. La gestión de las voluntades — 117

8. Teología de la imaginación — 137

9. Tu *oikos* — 157

10. Sanidad para el cinismo — 181

Notas bibliográficas — 203

1

EL INSTINTO DE TRASCENDENCIA

EL INSTINTO DE TRASCENDENCIA

Una vida que no se deja llevar por las presiones asfixiantes de la cultura del consumo es, sin dudas, una manifestación de fortaleza interior.

Es la expresión de alguien que ha visto sus aspiraciones transformadas por la acción divina del Espíritu de Dios.

Sin embargo, anhelar una vida simple, sin las ansiedades contemporáneas, nunca puede ser una máscara para nuestra negligencia.

El problema que tienen escondido demasiados líderes cristianos no es su insatisfacción, sino el estar anestesiados por su temor al fracaso.

INFLUENCIA

Un temor que se oculta detrás de un disfraz de falsa humildad que solo sirve como camuflaje para el conformismo que surge tras haberse rendido.

Por eso creo que es crucial comenzar este libro haciendo una afirmación sin atenuantes: Una vida de aspiraciones santificadas tiene que ver con lograr aquello que debemos lograr y no con desperdiciar nuestras capacidades y energías en vidas estériles.

Una vida trascendente, llena de margen y de oxígeno renovado, es la antítesis de vivir una historia por debajo de las capacidades que Dios puso en nuestras manos y es por eso por lo que necesitamos aprender a gestionar, curar y multiplicar la influencia que Dios permita que tengamos para sumar valor a otras personas.

Todos debemos hacer un aporte. Dejar una marca. Influir en el juego y afectar el desenlace de las circunstancias que atravesamos.

Tenemos este instinto de trascendencia desde Génesis 1:27, ya que fuimos hechos a su imagen.

Dios instaló "de fábrica" ese anhelo en nosotros, y podemos saber que es fruto de una genuina espiritualidad cuando se caracteriza por la búsqueda del bien ajeno en lugar de solo una búsqueda de estatus para esconder nuestras propias inseguridades.

EL INSTINTO DE TRASCENDENCIA

Por eso no puedo darme el lujo de asumir que ya lo tengas claro, y entonces debo asegurarme de decirte que todos tenemos influencia en la vida de otras personas.

No importa si es sobre pocas personas o sobre miles. En ambos casos es posible tener una influencia más generosa, y si este libro está en tus manos porque te gustaría tener mayor influencia, déjame decirte que ese deseo no es fruto de nuestra naturaleza caída, como tal vez hayas pensado alguna vez. Por el contrario, ese anhelo de agregar valor a otros, y de dejar un legado, es un atisbo de la imagen y semejanza de Dios en nosotros y está muy lejos de ser poco espiritual.

Tener la ambición de cumplir un rol activo produciendo cambios y mejoras en el lugar donde Dios plantó nuestras vidas es un deseo inherente al destino y al propósito con el que Dios nos hizo.

EL CONFORMISMO ES LO CONTRARIO DE LA FE, Y CUANDO SE DISFRAZA DE ESPIRITUALIDAD ES MEZQUINO CON EL ALMA.

Prácticamente nadie decide de manera consciente vivir en la casa de la mediocridad, y quien lo hace, sea consciente o no de esa decisión, solamente lo hace por el temor a vivir sin el techo de la seguridad y las paredes de la comodidad, y no

INFLUENCIA

porque anhele caer en el abismo de lo ordinario. El conformismo es lo contrario de la fe, y cuando se disfraza de espiritualidad es mezquino con el alma.

Claro, la otro que puede suceder con el anhelo de ser de influencia, además de que esté anestesiado, es que siempre permanezca esclavizado por nuestra naturaleza pecaminosa sin ser santificado.

Y es que en la mayoría de los seres humanos ese anhelo de influencia está corrompido por nuestra pecaminosidad, y mantenido en servidumbre gracias al canto tentador de las sirenas de la cultura del egoísmo, el consumo, la competencia y la ventaja.

Así que la pregunta orgánica que deberíamos hacernos es: *¿Cómo se rescata y se trae a libertad el anhelo de influencia para que ese deseo sea gestionado y multiplicado de manera espiritual y trascendente?*

De eso se trata este tercer libro de la trilogía de liderazgo y espiritualidad de la que es parte. Mi deseo es ayudarte a que puedas responder esta pregunta de la manera más consciente y consistente posible.

EL INSTINTO DE TRASCENDENCIA

Preguntas y destino

Si leíste algún otro de mis libros recientes sabrás que soy un enamorado de las preguntas. La inteligencia suele manifestarse en las respuestas, pero la sabiduría se manifiesta en las preguntas que hacemos.

Una mala pregunta puede llevarte a una respuesta que sea a la vez correcta y equivocada. Correcta porque responde a lo preguntado, pero equivocada porque te lleva a un concepto fragmentado o a una mala decisión. Es por esta razón que necesitamos reflexionar sobre cómo multiplicar nuestra influencia haciendo preguntas acertadas.

Piensa por un momento en tus respuestas a las siguientes preguntas:
¿Cómo se alinean tu vocación y este instinto de trascendencia? ¿Cuál es el lugar que ocupa el trabajo si miramos el panorama completo de nuestra vida? ¿Qué tal si el trabajo es más que solo una actividad que necesitamos para pagar las cuentas de la vida? ¿En dónde o cómo encontramos sentido, sanidad completa y realización integral?

Y qué tal preguntarnos:
¿Qué lugar tienen nuestra historia, capacidades, y posibilidades en el cosmos de la creación de Dios? ¿Cuál es su relación con la misión de Cristo de redimir al mundo?

INFLUENCIA

Las respuestas a estas preguntas tienen todo que ver con una pregunta germinal que quizás sintetiza todas las demás: *¿Cómo podemos multiplicar nuestra influencia de la mejor manera?*

La carta del apóstol Pablo a los Efesios cuenta la historia de la obra cósmica de Dios, que comenzó antes de la creación del mundo, continuó en la obra de redención de Cristo, y llega hasta nuestro presente. Esta carta pretende considerarnos participantes activos en la obra de Dios, y nos regala a sus exploradores una mirada más precisa, no solo de Dios, sino también de nosotros mismos.

Nuestras vidas, nuestras acciones y, de hecho, también nuestro trabajo, todo adquiere un nuevo significado al atravesar los capítulos de esta carta y estoy convencido de que al entenderla mejor lograremos vivir de una manera más trascendente, adoraremos de una manera más profunda, e incluso trabajaremos de una manera más gozosa y productiva debido a lo que Dios ha hecho y está haciendo en Cristo.

Todo los cristianos, y en particular quienes estamos en posiciones de liderazgo, hemos sido llamados por Dios para participar de su arte en el mundo (Efesios 4:1), y lo que sale a la luz en el proceso de internalizar esta verdad es el hallazgo de que nuestra tierra prometida no es un lugar, un proyecto humano o una posesión, sino la revelación abundante de quién es Él, quiénes somos nosotros, y para qué estamos en este mundo.

EL INSTINTO DE TRASCENDENCIA

Te lo digo nuevamente de manera más personal: Tu tierra prometida no es un lugar, un proyecto humano o una posesión. Es la revelación abundante de quién es Él, quién eres tú, y cuál es tu destino.

Efesios es diferente a las otras cartas del Nuevo Testamento atribuidas al apóstol Pablo, *¿te diste cuenta alguna vez?* Incluso es diferente a Colosenses, con la cual comparte oraciones completas en común como encontramos en Efesios 6:21-22 y Colosenses 4:7-8. Efesios es la carta paulina que más me ha afectado de manera personal. Por eso es por lo que va a aparecer seguido en los próximos capítulos. Algunas de sus perspectivas teológicas son la verdadera cuna conceptual de mi acercamiento al ministerio, al liderazgo y a la vida. Y es que comparada con las otras cartas de Pablo, esta carta teológica está mucho menos apuntada a una circunstancia en particular dentro de la vida de una iglesia especifica, y tiene mucho más que ver con esa visión cósmica de nuestro instinto de trascendencia.

> **NUESTRA TIERRA PROMETIDA NO ES UN LUGAR, UN PROYECTO HUMANO O UNA POSESIÓN.**

Mira las siguientes afirmaciones:

INFLUENCIA

"Desde antes que formara el mundo, Dios nos escogió para que fuéramos suyos a través de Cristo..."

(1:4)

"Esto fue para que le demos la gloria a Dios por la extraordinaria gracia que nos mostró por medio de su amado Hijo".

(1:6)

"...para que sepan cuál es la esperanza a la que los llamó y qué enorme es la riqueza de la herencia que él ha dado a los que son suyos".

(1:18)

"Esto lo hizo para demostrar a las generaciones venideras la incomparable riqueza de su amor, que en su bondad derramó sobre nosotros por medio de Cristo Jesús".

(2:7)

"Somos creación de Dios, creados en Cristo Jesús para hacer las buenas obras que Dios de antemano ya había planeado".

(2:10)

"...para que..experimenten ese amor, que nunca

EL INSTINTO DE TRASCENDENCIA

podremos entender del todo. Así estarán completamente llenos de Dios".

(3:19)

"Más bien, al vivir la verdad con amor, creceremos y cada vez seremos más semejantes en todo a Cristo, que es nuestra Cabeza".

(4:15)

Los ríos no beben su propia agua. Las flores no esparcen su fragancia para sí mismas. Ni siquiera el sol brilla para sí mismo. De manera que vivir sirviendo a otros es un rasgo orgánico de la creación de Dios, y esa es la razón visceral de por qué deseamos ser de influencia.

Correctamente interpretada, la influencia no tiene que ver con el ego, y en las próximas páginas descubriremos por qué la Biblia está de acuerdo con esta afirmación. Ganar y construir influencia es fundamental para todos los que lideramos, y es un rasgo orgánico que asoma en nosotros por haber sido creados a imagen de Dios.

En palabras simples: Dios te creó para la influencia, y es importante comenzar lo que vamos a hablar en este libro con esta afirmación clara porque no podemos comenzar pidiendo perdón por algo que no es un pecado de soberbia o siendo tímidos o negligentes con aquello para lo que fuimos destinados.

INFLUENCIA

Somos parte del proyecto creativo de redención, y es un atentado contra nuestra vida y la de otros cuando no somos intencionales en curar nuestra influencia.

Te invito a que lo hagamos juntos en las páginas que siguen...

2

INFLUENCIA, LIDERAZGO Y ESPIRITUALIDAD

INFLUENCIA, LIDERAZGO Y ESPIRITUALIDAD

La mayoría de los libros sobre liderazgo no abordan la espiritualidad de manera sustancial, y la mayoría de los libros de espiritualidad no la abordan desde la perspectiva del liderazgo, con lo cual se pierde de vista la influencia que nuestra espiritualidad provoca.

Por eso nació la trilogía de la cual este libro es parte.

Influenciar a otros es el efecto germinal del liderazgo, y si a esta simbiosis la miramos desde la perspectiva del liderazgo cristiano, debemos entonces dejar en claro, como piedra angular, que el liderazgo "cristiano" consiste en ejercer la influencia de Cristo, y no tan solo la nuestra, en la vida de otros.

INFLUENCIA

Por eso es por lo que necesitamos agregar el matiz de la espiritualidad y abordar el tema desde los principios que encontramos en la Palabra de Dios, y no basándonos tan solo en observaciones del mercado, la empresa, o la experiencia de quien escribe. Los conceptos de influencia, liderazgo y espiritualidad tienen una relación que necesita ser examinada, ya que la madurez cristiana exhibe entender que nuestra influencia es prestada por el dador de la vida para que lideremos a otros a una vida espiritual más vibrante.

Esa influencia puede ser ejercida siendo pastores y líderes ministeriales, o siendo arquitectos, legisladores, ingenieros, escritores, madres, empresarios, artesanos, enfermeros, emprendedores, operarios de una fábrica, o cualquier otra expresión humana de servicio.

Dallas Willard escribió en su clásico libro *La divina conspiración* que "cuando sometemos a Dios lo que somos y el lugar en el que estamos, nuestro gobierno (nuestra influencia) crece". Esto es también a lo que Jesús se refirió en la parábola de los talentos en el espectacular capítulo 25 de Mateo. Quien multiplica lo que recibió es invitado a compartir la felicidad de su Señor, pero quien se escuda en la conservadora falsa humildad del temor, pierde lo que tiene.

No hay punto intermedio.

INFLUENCIA, LIDERAZGO Y ESPIRITUALIDAD

La lección de esta parábola de Jesús es muy explícita: Lo que Dios puso en nuestras manos debe producir ganancia para nuestro Señor. No importa si es menos o es más de lo que producen otros, pero debe multiplicarse en alguna medida. Para eso debemos aprender a ajustar nuestra mirada y alinear nuestro corazón al suyo, para que una visión correcta de la influencia florezca continuamente de un corazón desintoxicado de egoísmo y dispuesto a ser la plataforma de lanzamiento que los mejores líderes son para las personas a las cuales influencian.

Mitología del liderazgo

Dentro del mundo cristiano contemporáneo merodean algunos mitos acerca del liderazgo, y se los he escuchado repetir incluso a gente que considero educada, así que al pensar en estos conceptos y su relación, no puedo arriesgarme a dejar de denunciar estos mitos.

Algunos de ellos son particulares de la comunidad cristiana y otros se encuentran presentes también en la sociedad secular, y ya sea que sean propios o ajenos, necesitan ser desenmascarados.

Mito 1: La Biblia no usa la palabra líder

En ciertos rincones de Iberoamérica se ha escuchado

INFLUENCIA

durante algunas décadas que "no es bíblico usar la palabra líder porque no está en la Biblia", lo cual lisa y llanamente está muy alejado de la verdad.

Aunque este dicho te sorprenda, en algún momento vas a cruzarte con alguien que lo sostenga, así que debes saber qué es lo que hay detrás. La razón de este mito es que la traducción iniciada por Casiodoro de Reina en el siglo XVI, y mejorada por Cipriano de Valera más de 30 años después en su revisión que todavía es la más empleada en Hispanoamérica, que es la de 1960, no tiene la palabra "líder". Sin embargo, la versión Reina Valera Contemporánea, que es una subsecuente revisión del lenguaje custodiada, al igual que la RV60, por las mismas Sociedades Bíblicas Unidas, sí la tiene.

De hecho, prácticamente todas las otras traducciones que tenemos en nuestro idioma, como la Nueva Traducción Viviente (NTV), la Nueva Versión Internacional (NVI), la Biblia de las Américas (LBLA), la Traducción en Lenguaje Actual (TLA), y la Nueva Biblia Viva (NBV), la tienen también. Aparece además en las traducciones más utilizadas en inglés, francés y alemán. Entonces, *¿por qué en las otras sí y en la RV60 no?* Porque siempre hay una variada gama de posibilidades a la hora de traducir las diferentes palabras y sobre todo, ideas, que aparecen en otro

INFLUENCIA, LIDERAZGO Y ESPIRITUALIDAD

idioma, y antes de las últimas décadas se usaban más los términos "jefe", "príncipe", "anciano" o "gobernante", en vez de "líder", para referirse a quien tenía la responsabilidad de dirigir a otras personas.

Ahora bien, según la compresión contemporánea amparada en la Real Academia Española, la palabra líder tiene dos definiciones:

1. El primero o quién está al tope de la tabla en una competición.

2. La persona que dirige o influencia a otras.

Al mirar la Biblia encontramos personas en ambas posiciones, sin que a nadie le parezca cuestionable que alguien sea el responsable de dirigir a otros, sino todo lo contrario.

A lo largo de toda la Biblia vemos cómo Dios les encarga a diferentes personas hacer precisamente eso: liderar a otras personas. Por lo tanto, podemos estar 110% seguros de que el concepto de liderazgo y las referencias a la posición de líder están por toda la Biblia, aparezca o no aparezca la palabra en una traducción.

INFLUENCIA

Mito 2: Los líderes son siempre carismáticos

Según el diccionario, una persona carismática es aquella con la capacidad para atraer o fascinar con su personalidad. Estas personas tienen "un no sé qué", algo que resulta magnético cuando hablan en público, y suelen ser el centro de atención en situaciones sociales o de exposición.

Sin embargo no todos los líderes tienen estas características, y menos de manera natural. De hecho, algunos de los líderes más influyentes de la historia estuvieron muy lejos de pertenecer al club de los carismáticos antes de que su influencia les hiciera despertar admiración.

Por ejemplo, George Washington fue un tranquilo granjero antes de transformarse en el comandante insignia de la independencia de los Estados Unidos. Gandhi fue durante años un abogado sin mucho éxito y sin demasiados amigos, antes de desafiar al imperio Británico llevando a la India también a la independencia.
O, más cerca de nuestro mundo contemporáneo, Lionel Messi lideró a la selección Argentina de fútbol como su capitán a ganar el campeonato mundial y es hoy una de las personas más reconocidas a nivel mundial, aunque tiene una personalidad más bien tímida.

El carisma ayuda pero está sobrevalorado. Cuando alguien

INFLUENCIA, LIDERAZGO Y ESPIRITUALIDAD

elige un médico para tratar una cuestión seria de salud, ¿busca una personalidad magnética y agradable, o busca un profesional con mucha experiencia y conocimiento con un porcentaje muy alto de resultados favorables? La respuesta es obvia. Si el médico sonríe mucho y tiene un trato amistoso con los pacientes, o aun si es capaz de dar grandes discursos, su tratamiento seguramente será más entretenido. Pero se estaría poniendo en juego la vida si se priorizara eso por encima de su capacidad de llevar la situación a los resultados esperados.

En el mundo farandulizado de hoy, vivimos expuestos continuamente a "talentos de pantalla". Debido a esto podemos confundir carisma con capacidad de liderazgo, pero definitivamente no son lo mismo.

Que alguien muestre pasión, elocuencia e histrionismo puede ayudar en varias escenas del liderazgo, así como puede engañar a las masas que desean ser entretenidas. Pero en el mundo real de la convivencia del liderazgo piel a piel y el logro de metas, hace falta mucho más que ser buenos oradores y tener una personalidad atractiva.

Mito 3: Los líderes son activistas sobreocupados

Aunque los mejores líderes son estandartes de productividad, no son personas que andan corriendo como pollos sin cabeza.

INFLUENCIA

Volviendo al ejemplo de Messi por su inmediatez con nuestro contexto, es de notar que por muchos años él fue criticado por no ser el que más corría. De hecho, según las estadísticas de muchas competencias en las que terminó siendo el jugador más determinante, Messi fue de los que menos corrió... lo cual revela algo que contradice el mito de la sobreocupación: no se trata de quién corre más, sino de quién sabe cuándo y hacia dónde correr.

Por eso escribí el libro Margen de esta trilogía. Todos tenemos la misma cantidad de tiempo por día, pero no todos somos igual de sabios en su administración. Tampoco tenemos la misma energía fisiológica en cada etapa de la vida, y por eso tenemos que aprender a gestionarla con vista de halcón.

Las personas que logran hacer la mejor gestión de sus propias vidas son personas conscientes de sus límites. Al mirar la carta de amor que es la Biblia se hace evidente que Dios estableció ritmos de trabajo y descanso para nuestro bienestar, y las personas realmente espirituales no son personas desbocadas por el activismo, que trabajan sin parar y viven en modo frenético por las tareas de la iglesia o del mercado. Al contrario, son personas que saben cuándo hacer una pausa, así como también saben cuándo es tiempo de correr. Los mejores líderes viven buscando una armonía entre lo laboral, lo familiar y lo personal, ya que no hay manera de que estas realidades no se entrecrucen vaciando de satisfacción a aquella que los haga destacar, cuando las otras no funcionan.

Mito 4: Los líderes son buenos administradores

En la esquina opuesta al mito del carisma se encuentra la confusión entre liderazgo y administración. Ambas tareas son sistemas complementarios de acción, pero son cuestiones distintas.

John Kotter escribió para el *Harvard Business Review* que considera que demasiadas corporaciones en los Estados Unidos están sobreadministradas y poco lideradas, así como muchas organizaciones en América Latina están bien lideradas pero mal administradas.

Al leer esto pensé en nuestros gobiernos. Una cosa es desarrollar una visión y saber comunicarla con asertividad, y otra diferente es tener el pulso necesario para la supervisión minuciosa del cumplimiento de las tareas.

Yo también he luchado con esto. Mi fortaleza es la visión estratégica a largo plazo, y mi desafío constante es no perderme en los detalles necesarios para la ejecución de las tareas. Por eso he liderado mejor cuando tengo buenos administradores a mi lado, con roles reales de influencia.

INFLUENCIA

Dice también Potts en la colección de los 10 artículos de mayor influencia acerca del liderazgo del *Harvard Business Review*: "La administración consiste en hacer frente a la complejidad, aporta orden y previsibilidad a una situación". Personalmente, considero que en nuestro ámbito sufrimos demasiado estrés y conflictos innecesarios porque no tenemos protocolos administrativos claros, ni suficientes administradores reales en posiciones de liderazgo.

Más allá de la posición

El liderazgo que solamente emerge de una posición siempre será el nivel más primario de la influencia. Tener el "título" de líder, pastor o jefe puede sonarle impresionante a alguien ingenuo en cuanto a cómo funcionan las dinámicas humanas, pero tarde o temprano todos se dan cuenta de que nadie puede influenciar a largo a plazo a otros solo porque tiene un título. Por eso este libro no se trata de cómo conseguir una mejor posición, sino de cómo ampliar tu influencia sea cuál sea tu posición. Al igual que muchas otras palabras importantes en los idiomas occidentales, "influencia" viene del latín, en este caso de *"influentia"*, que se refiere a algo que fluye produciendo cambios. Ese "algo" suele ser imperceptible, pero tiene resultados concretos. Es una capacidad, un poder, y una fuerza de la que todos somos susceptibles de ser tanto receptores como emisores, ya que todos somos influidos y todos tenemos algo de influencia.

INFLUENCIA, LIDERAZGO Y ESPIRITUALIDAD

En años recientes, al ponerse de moda el término *"influencer"* para referirse a alguien que es popular en las redes sociales, la palabra se ha desvirtuado, pero si meditamos sobre quiénes han sido las personas más influyentes en nuestras vidas podemos ponerle rostro y comenzar así a comprender mejor su verdadero significado.

Las personas con las que convivimos tienen un mayor impacto en nuestra vida diaria que las personas que conocemos por las redes sociales o los medios de comunicación masiva, de manera que la influencia tiene muchísimo que ver con las relaciones interpersonales. Incluso alguien que no tiene el titulo más jerárquico, ni es el más popular, puede ser quien tenga mayor influencia en una situación determinada. Por eso en un próximo capítulo vamos a dialogar acerca de cómo se trabaja la verdadera autoridad, palabra que sintetiza de manera orgánica los conceptos de liderazgo, influencia y espiritualidad.

Anhelar posiciones que amplíen nuestra capacidad de influencia es obviamente algo fantástico y en lo que debemos trabajar sin complejos, aunque debemos tener bien claro que la posición debe ser un vehículo para la influencia, y no un destino. Más allá de cualquier posición, la influencia tiene que ver con lo que a simple vista no se percibe. Emerge por debajo de la superficie, y se hace tangible en la

INFLUENCIA

fuerza motriz que produce cambios en el mundo visible, con ecos de mejoras sustanciales, cuando no solo tiene que ver con el mundo exterior de las personas sino con el interior.

El gran paradigma

Los primeros versos del segundo capítulo de la carta de Pablo a los Filipenses deben ser de los más contraculturales, e incluso contraintuitivos, para la concepción pop de los últimos años en lo que hace al liderazgo, la influencia, y aún a la espiritualidad.

Lee con precisión y pausa las siguientes palabras:

> *"No hagan nada por egoísmo o vanidad. Más bien, hagan todo con humildad, considerando a los demás como mejores que ustedes mismos. Cada uno debe buscar no sólo su propio bien, sino también el bien de los demás.*
> *La actitud de ustedes debe ser como la de Cristo Jesús: aunque él era igual a Dios, no consideró esa igualdad como algo a qué aferrarse. Al contrario, por su propia voluntad se rebajó, tomó la naturaleza de esclavo y de esa manera se hizo semejante a los seres humanos. Al hacerse hombre, se humilló a sí mismo y se hizo obediente hasta la muerte, ¡y muerte en la cruz!"*
> (Filipenses 2:3-8)

INFLUENCIA, LIDERAZGO Y ESPIRITUALIDAD

Esta es la perspectiva correcta que entrelaza el liderazgo, la influencia y la espiritualidad. Pablo está hablando de la persona más influyente, la más espiritual, y el mejor líder que caminó sobre la corteza terrestre, y si esta afirmación te produce alguna duda, te la explico como lo hice en mi libro *El mejor líder de la historia*:

"Jesús es inevitable ya que está en el calendario, en el génesis de la historia de Europa, en la confluencia de religiones semitas, en las carabelas que cruzaron el Atlántico para descubrir el Nuevo Mundo, en los peregrinos que fundaron América del Norte y los Jesuitas que acompañaban a los buscadores de oro en las selvas del Cono Sur. Jesús sigue apareciendo en los discursos políticos y en los de los artistas que reciben un Oscar o Grammy por sus películas o canciones. Su persona da nombre a países y cientos de ciudades. Jesús sigue siendo película de Hollywood y obra de teatro de Broadway. Sigue siendo canción, industria, literatura y pintura. Sigue estando en una taza de leche que reciben miles de huérfanos, en la mano que toca a un leproso en Calcuta y la persona que visita a un anciano sin familia en un hospital público. Por buenas o malas interpretaciones, Jesús sigue apareciendo en las contiendas deportivas, las bélicas y las familiares, y los testimonios sobrenaturales de millones y millones de personas a través de veinte siglos".

INFLUENCIA

Independientemente de creencias religiosas, Jesús fue y sigue siendo el líder más influyente en la historia de la humanidad y al considerar esto debemos preguntarnos cómo es que alguien considerado un ícono de la espiritualidad es también la persona más influyente de la historia, y viceversa.

El descubrimiento es inminente:
>cuando el liderazgo hace simbiosis con la espiritualidad surge el mejor tipo de influencia.

Este liderazgo seduce por su actitud y desafía por su conducta. Este liderazgo no necesita imponerse ni gritar.

No necesita vestirse a la moda ni aparentar. Este liderazgo asombra y provoca.

Suena convincente y a la vez es tan diferente a la norma de tantos otros líderes que merece ser descubierto y redescubierto en mayor profundidad.

Cuando el liderazgo
hace simbiosis con
la espiritualidad surge
el mejor tipo de influencia.

La posición debe ser
un vehículo para
la influencia,
y no un destino.

Lo que Dios puso en nuestras manos debe producir ganancia para nuestro Señor. No importa si es menos o es más de lo que producen otros, pero debe multiplicarse en alguna medida.

3

HUMILDAD, QUE NO ES COMPLEJO DE INFERIORIDAD

HUMILDAD, QUE NO ES COMPLEJO DE INFERIORIDAD

Si liderazgo es sinónimo de influencia y el liderazgo cristiano tiene que ver con ejercer la influencia de Cristo, y no tan solo la nuestra, entonces se hace evidente que debemos trabajar ferozmente en la humildad como una virtud de nuestro carácter.

La humildad no solo tiene una actitud de servicio sino que invita a la colaboración, así como la falta de ella invita a la competencia y anima a la rebeldía.

Es decir: la humidad magnifica la influencia.

El problema que solemos tener con la humildad no es únicamente que parece una idea alienígena para nuestra

INFLUENCIA

naturaleza caída, sino que conceptualmente la confundimos con una baja estima de nuestras propias capacidades y responsabilidades, hasta el punto en que muchas veces la vemos como un rasgo de debilidad y no de fortaleza.

Al mirar tanto solo un rato las redes sociales o la TV, se hace obvio que la humildad es hoy en día extranjera en un contexto exitista en el cual se sobrevalora la ambición, las posesiones materiales, las apariencias y el estatus social.

Y para peor, este problema se hace más desafiante porque esos estigmas de la cultura occidental moderna hacen reflejo en espiritualizaciones y en versiones "cristianizadas" de los mismos, a través de predicaciones y ministerios que pregonan que todas esas cosas son justamente el resultado de la fe.

Un ejemplo de esto es el uso del término "conquista" en el ecosistema cristiano contemporáneo.

En la Biblia, este término es parte del vocabulario en el Antiguo Testamento, pero no aparece en el de Jesús.
Y no me refiero solo a palabras, como sucedía en el caso de la palabra "líder" que ya analizamos, sino a conceptos.

¿Por qué Jesús no habló de conquista?

HUMILDAD, QUE NO ES COMPLEJO DE INFERIORIDAD

Tanto para el contexto histórico de Jesús como para el de América Latina, por ejemplo, el concepto de conquista se encuentra presente en el inconsciente colectivo de los pueblos como algo negativo, ya que los libros de historia registran escenas sanguinarias de la "conquista" y la subsiguiente "cristianización" católico-romana del maya, el guaraní, el jíbaro, el inca y el azteca.

El mejor líder de la historia no habló de conquistar (como podemos sospechar que sí lo hizo Barrabás, y por eso ganó el concurso de popularidad cuando le dieron a elegir a la gente entre él y Jesús).

> **LA HUMILDAD INVITA A LA COLABORACIÓN, ASÍ COMO LA FALTA DE ELLA INVITA A LA COMPETENCIA.**

Tal vez Jesús no utilizó el término "conquista" porque ese lenguaje enardece los bajos instintos, las pasiones humanas, y la búsqueda de revancha y autoprotección.

Jesús, en cambio, habló de servir, y su influencia a lo largo de los últimos veintiún siglos de la historia humana sigue susurrándonos al oído que esta actitud llega más lejos a largo plazo, porque nadie quiere ser sometido y conquistado, pero todos estamos dispuestos a ser servidos.

INFLUENCIA

Humildad asertiva

Si somos honestos, tanto en la aldea secular como en los más concurridos círculos evangélicos de hoy, la conceptualización y la práctica de la humildad están un tanto difusas.

El ejemplo de Jesús deja un claro alegato en contra del lujo innecesario, la vanidad, y la egolatría del auto-servicio, pero eso no es lo que han modelado la mayoría de nuestros gobernantes ni tampoco muchos líderes cristianos destacados.

Obviamente los problemas no son la riqueza, el progreso social, o la realización personal.Como vimos en los otros libros de esta trilogía, esos son los baales de nuestra cultura, y debemos ser intencionales en cuidarnos de que no se instalen en el centro de nuestro campamento como foco aspiracional de nuestras vidas.

Pero el problema no es ellos, sino nuestro corazón.

A los líderes de siempre, pero sobre todo a los de hoy, la humildad claramente nos presenta un desafío interior y uno práctico.

Por un lado, somos seducidos teóricamente por ella; pero por el otro, la resistimos emocionalmente cuando

HUMILDAD, QUE NO ES COMPLEJO DE INFERIORIDAD

por nuestra naturaleza caída creemos que es una mala consejera para conquistar aquello que creímos que debíamos conquistar.

El dilema que tarde o temprano todos los líderes cristianos de hoy en día enfrentamos es: *¿Cómo mantenernos humildes cuando nuestras carreras, nuestro trabajo, y el aporte que queremos hacerle al mundo demandan que promocionemos lo que hacemos?*

Aquí llegamos una vez más a la necesidad de darle una mirada más profunda a la humildad de Jesús.

Al mirar con atención los Evangelios se hace evidente que Jesús fue el ejemplo de un líder que deja el poder y la riqueza para venir a servir y no a ser servido.

Sin embargo, es de notar que su humildad fue asertiva, y Él nunca demostró considerarse menos de lo que verdaderamente era.

A los oídos de los habitantes de Galilea y Jerusalén, seguramente no sonaba a baja estima cuando lo escuchaban en escenas como la de Juan 7:37-38...

"El último día de la fiesta, que era el más importante,

INFLUENCIA

> *Jesús se puso de pie y dijo*
> *con fuerte voz:*
> *¡Si alguno tiene sed, venga a mí y beba!*
> *De aquel que cree en mí, brotarán ríos de agua viva,*
> *como dice la Escritura".*

La semana anterior a esa escena había transcurrido la Fiesta de los Tabernáculos. Por siete días los sacerdotes iban al estanque de Siloé a llenar su cántaro con agua para derramarla en el altar del Templo, a fin de recordar la provisión de agua que Dios había hecho mientras vagaban por el desierto bajo el liderazgo de Moisés. Ahora, justo ese día, Jesús desafiaba el sentimiento religioso judío al declarar que al venir a Él ya no tendrían necesidad de cumplir sus ritos, porque de Él manarían ríos de agua viva…

Claro, desde este lado de la historia ya conocemos la identidad de Jesús, pero si nos ubicamos en el tiempo y el espacio de quienes lo estaban oyendo en ese momento, es de notar que ese tipo de afirmación resultaba una abierta provocación. De esta aparente desfachatez podemos concluir que la humildad de Jesús no era sinónimo de baja estima, ni era un gesto de falsa humildad.

No era temor al rechazo ni inseguridad. Su humildad radicaba en su trato con la gente, y por eso creo que el

HUMILDAD, QUE NO ES COMPLEJO DE INFERIORIDAD

apóstol Pablo escribió lo siguiente cautivado por el ejemplo de Jesús:

"Cada uno debe buscar no sólo su propio bien, sino también el bien de los demás". (Filipenses 2:4)

La humildad no solo fue parte de la belleza del carácter de Cristo, sino también una evidencia de su espiritualidad, un rasgo de su liderazgo, y un amplificador de su influencia.

Tratar a otros como superiores a nosotros no significa creer que son más valiosos o que tienen mayores capacidades; significa que estamos dispuestos a hacer por ellos todavía más de lo que haríamos por nosotros mismos.

> **TRATAR A OTROS COMO SUPERIORES A NOSOTROS NO SIGNIFICA CREER QUE SON MÁS VALIOSOS O QUE TIENEN MAYORES CAPACIDADES.**

Esa es la clase de liderazgo bienaventurado que describía Pablo en Filipenses 2:9-11, párrafo que muchos eruditos destacan como un viejo himno de la época:

INFLUENCIA

*"Por eso, Dios lo engrandeció al máximo y le dio un nombre que está por encima de todos los nombres, para que ante el nombre de Jesús
todos se arrodillen, tanto en el cielo como
en la tierra y debajo de la tierra, y para
que toda lengua confiese que Jesucristo es Señor, para que le den la gloria a Dios Padre".*

El dilema de la autopromoción

Yo no soy humilde, aunque sí trabajo para serlo.

Sé que por no ser lo suficientemente humilde he perdido oportunidades y relaciones. Incluso en ocasiones, por falta de humildad he lastimado a mi esposa y no he ejercido la mejor influencia sobre mis hijos. Por eso me desespera con pasión cultivar este rasgo en mi vida y en la tuya.

Dejo esto en claro para que sepas que no escribo este capítulo desde el magisterio sino desde el ministerio. Sigo aprendiendo, porque un día me hizo clic lo crucial que es la humildad para la multiplicación sana de nuestra influencia. Y te confieso algo: he tenido temporadas en las que progresé al menos un poco, y otras en las que tuve menos aciertos que los extras que les disparan a los protagonistas principales en las películas de acción.

HUMILDAD, QUE NO ES COMPLEJO DE INFERIORIDAD

Antes decíamos que el dilema que temprano o más tarde todos líderes cristianos enfrentamos es: *¿Cómo mantenernos humildes cuando nuestras carreras o nuestra influencia demandan promoción?* Esta es una pregunta práctica y cada vez más desafiante.

Casi te diría que no importa la carrera de una persona, el presentarse con astucia y el autopromocionarse están hoy en día integrados indisolublemente al ámbito laboral.

De manera cotidiana mostramos aspectos de nuestras vidas que antes se mantenían en secreto y solo se compartían con amigos cercanos y familiares. Las redes sociales han normalizado el reportarle al mundo que fuimos al cine, que hicimos renovaciones en la casa, que disfrutamos unas vacaciones increíbles, o que tenemos algo bueno para vender. Esto es lo que describíamos en el libro Margen como la *"cultura selfie"*, y el desafío es que, si no tenemos cuidado, la rutina de estas publicaciones puede afectar la postura de nuestro corazón.

Con las redes sociales se instaló un nuevo patrón social de continua exhibición personal y, en muchos casos, también de autopromoción. Para algunas personas tal vez es posible abstenerse y no sucumbir más que en una pequeña medida frente a esta presión social, *¿pero qué pasa si trabajas en el*

INFLUENCIA

arte, o en comunicaciones, o si haces una carrera política o cualquier otra que te requiera construir lo que hoy se llama "una marca personal"? *¿Y qué pasa si tus ingresos dependen de las redes sociales, y lo que más vende es que tu cara se vea enorme? ¿Deberíamos los líderes cristianos promocionarnos a nosotros mismos?*

En mi rol, por ejemplo, he tenido conflictos con la idea poner mi cara o la de otros autores en la tapa de los libros que he escrito o publicado.

Entiendo perfectamente que vende más y que no todos los libros son iguales, pero me inquietan sus efectos colaterales.

¿Cómo resolvemos esto? La solución no es fácil, pero tres lineamientos a seguir que pueden resultar útiles son:

1. Promocionar causas y propuestas más que a nosotros mismos

Cuando cambiamos de promocionarnos a nosotros mismos, a promover el valor proporcionado a los demás, nuestra postura cambia de recibir a dar.

El objetivo ya no es la fama, sino velar por los intereses de los demás, que es justamente lo recomendado en Filipenses 2:4. Ser una cara reconocible puede ser un subproducto del servicio que brindas, y te puede ayudar a llegar a más gente, pero no debe ser el objetivo.

HUMILDAD, QUE NO ES COMPLEJO DE INFERIORIDAD

Muchos líderes cristianos de gran fama sirven como ejemplo de esta postura de honrar a Dios y no a nosotros mismos. El apóstol Pablo ganó notoriedad al difundir las enseñanzas de Jesús en el primer siglo, y los cristianos todavía estudiamos sus cartas del Nuevo Testamento.

El cántico de gracia de Agustín de Hipona no se parece a casi nada que puedas leer en los libros modernos sobre la gracia. El poder omnipotente de la gracia, para Agustín, era el poder del "gozo soberano", y solo eso lo liberó de una vida de esclavitud al orgullo filosófico. Siguiendo con los ejemplos, todo el mundo reconoce el nombre y la influencia de Billy Graham, y sus contemporáneos insisten en destacar que se percibía como una persona muy humilde.

Todos estos hombres fueron "famosos". Eran reconocidos y la gente confiaba en ellos, lo cual magnificó la obra generalizada que el Espíritu Santo completó a través de su fidelidad. Si bien estaban lejos de ser silenciosos, el ruido que hicieron no fue el sonido de la autoglorificación, sino el de anunciar a los cuatro vientos el mensaje del evangelio.

Los cristianos debemos liderar con humildad, glorificando a Dios por encima del beneficio personal. Hoy hay mensajeros que pretenden convertirse en el mensaje, y receptores tan distraídos con el mensajero que ni siquiera saben cuál es el mensaje.

INFLUENCIA

Si tu trabajo requiere reconocimiento, dale neuronas a analizar qué es lo que estás glorificando.

2. Enfocarnos en lo correcto más que en lo popular

Un pasaje bíblico del que hoy no se predica mucho es 1 Tesalonicenses 4:9-12, porque en él Pablo recomienda que nuestra ambición sea vivir "una vida tranquila", lo cual no suena muy urbano, ni muy posible, ni demasiado seductor para muchos.

Pero teniendo en cuenta el contexto de este texto y la cosmovisión que Pablo expone en otros textos, es probable que él no estuviera instruyendo a los cristianos de Tesalónica a pasar desapercibidos.

El pasaje ofrece instrucciones prácticas sobre cómo debe vivir la iglesia que espera el regreso de Jesús: en amor fraternal, ocupándose de sus propios asuntos y trabajando con sus manos, lo cual apunta a una ética de trabajo más que a un resultado.

En su siguiente carta, de hecho, les advierte diciendo:

> "nos hemos enterado de que algunos de ustedes no trabajan y se pasan la vida sin hacer nada"
> (2 Tesalonicenses 3:11),

de manera que al hablar de una vida tranquila no está hablando de una vida conformista.

HUMILDAD, QUE NO ES COMPLEJO DE INFERIORIDAD

La "vida tranquila" que recomienda Pablo tiene que ver con el aporte dedicado y con la conciencia en paz.

3. Priorizar la conexión en lugar de la promoción

En Proverbios 11:2 se nos advierte que la soberbia y la altivez llevan a la deshonra, pero que con la humildad viene la sabiduría.

En lugar de hablar con nuestros amigos, nuestros compañeros de equipo, e incluso con nuestros clientes sobre nuestros triunfos pasados o los éxitos que anticipamos para el futuro,

> **HOY HAY MENSAJEROS QUE PRETENDEN CONVERTIRSE EN EL MENSAJE, Y RECEPTORES TAN DISTRAÍDOS CON EL MENSAJERO QUE NI SIQUIERA SABEN CUÁL ES EL MENSAJE.**

preguntémosles sobre ellos mismos. La principal preocupación de un cliente potencial es: *"¿Cómo puede esta persona o esta organización ayudarme?"*.

Por eso con el equipo de mercadeo de **e625.com** continuamente estamos aprendiendo a publicitar lo que hacemos o proveemos conectándolo con las necesidades que atendemos, y no con lo supuestamente fantásticos que somos.

INFLUENCIA

Una relación humana auténtica es la mejor base para descubrir necesidades que generen proyectos que funcionan, ya que como le escuché primero decir a mi amigo el pastor Robert Barriger de Lima, *"siempre es relevante rascar a donde pica"*.

Sin duda, este enfoque hacia afuera te hará mejor en tu trabajo y tu vida. Las personas a tu alrededor se sentirán servidas en lugar de usadas, y pasarán a ser colaboradores en lugar de público.

El resultado y el punto de partida de la humildad

Cada vez me convenzo más de que existe un círculo virtuoso alrededor de la humildad. La humildad nos demanda y a la vez nos provoca a:

Enamorarnos más de Jesús

Mirarlo a Él pone la vara más alta, y al mismo tiempo hace que seamos seducidos por su ejemplo. Meditar continuamente sobre su modelo de vida nos ayuda a comprometernos con sus principios de acción, a la vez que recargamos nuestra devoción a Él.

Vivir con margen

Desintoxicarnos de la ansiedad que provoca vivir al límite de nuestras fuerzas por esa necesidad imaginaria de ser y

HUMILDAD, QUE NO ES COMPLEJO DE INFERIORIDAD

parecer exitosos a los ojos de otros, descomprime nuestros corazones de la lujuria de la ambición egocéntrica.

Alimentar la imaginación con la gracia de Dios

Meditar sobre la revelación de su gracia explicada en el texto sagrado evita que consideremos que "merecemos" el éxito, el reconocimiento y la adulación de otros.

Mirar las necesidades humanas a los ojos

Si continuamente estamos mirando cómo otros se autoadulan en las redes sociales, probablemente muy pronto estaremos tentados a comportarnos de la misma manera. A mí me da pudor la facilidad con la que algunas personas han hecho una industria del atrapar likes con trucos que, claro, funcionan, pero yo creo que esclavizan sus corazones, y esto nos hace mal a todos.

En cambio, cuando vemos las necesidades de otros, contrastamos y comprendemos cuánto tenemos nosotros. Estar cerca de los pobres y de los que están pasando por alguna angustia, no solo los beneficia a ellos sino que también ubica y sensibiliza nuestros corazones.

Redimir las pruebas y dificultades

El versículo 29 de Romanos 8 le da sentido y propósito al

INFLUENCIA

tan conocido versículo 28. Incluso las peores dificultades cooperan para que podamos parecernos más a Jesús.

Ellas purgan en nosotros la impaciencia, la altivez y la insensibilidad, para que podamos influenciar a otras personas desde la humildad.

La humildad es por un lado un resultado, y por el otro un punto de partida para la mejor influencia.

4

VER,
REALMENTE VER

VER, REALMENTE VER

La gente entrenada en el arte del espionaje ve cosas que otros tienen delante pero no ven, y lo mismo sucede con los mejores gestores de influencia.

Ellos y ellas logran ver oportunidades que otros pasan por alto.

Charles Spurgeon escribió que "el discernimiento no es solo cuestión de saber la diferencia entre el bien y el mal, sino que tiene que ver con reconocer la diferencia entre el bien y el casi bien".

En este sentido, yo creo que el discernimiento se besa con la visión.

INFLUENCIA

El discernimiento distingue y comprende lo que tiene delante, y la visión logra ver el siguiente paso. Es por esto por lo que creo que raramente hay una visión realizable sin una buena cuota de discernimiento.

Una de las capacidades más críticas que debemos desarrollar en el liderazgo es la habilidad de guiar a otras personas hacia una comprensión más clara de la realidad.

Esto se debe hacer con la elegancia de la amabilidad, pero con la firmeza necesaria para devaluar el poder de los prejuicios heredados.

Muchas de las limitaciones que sabotean el progreso y el buen uso de las oportunidades de las personas tienen que ver con juicios precarios y superficiales.

Por ejemplo, las cuestiones estéticas o raciales, del estilo de "Todos los ... son ...", o "Esta persona no puede aportarme nada porque la vi con ...".

Una vez alguien me escribió en una red social diciéndome que yo era de tal posición doctrinal simplemente porque me había visto un día en una iglesia con cierta persona.

Su juicio no tenía nada que ver con lo que yo creo, ni siquiera con lo que yo había dicho en aquella ocasión, sino que por el simple hecho de verme con tal persona una vez, había asumido que yo estaba alineado doctrinalmente con esa persona, incluso de por vida.

VER, REALMENTE VER

La palabra "discernimiento" viene del griego *"diakrina"*, que significa separación o distinción.

Las personas que disciernen no son adivinos precipitados. Son personas que aprenden a separar la percepción de la realidad. Entienden que una cosa es lo que parece y otra cosa es lo que es, y que aunque a veces lo que parece y lo que es coinciden, este no siempre es el caso.

De hecho, en un mundo que celebra tanto las apariencias (quizás como nunca antes en la historia de la humanidad) la realidad y la percepción tienden a ser cosas muy distintas.

Un ejemplo de esto es la percepción que hoy genera alguien que cierra los ojos al cantar o mientras le dice cosas lindas a Dios, ya sea en un escenario físico o virtual.

Las personas fácilmente impresionables van a pensar que esta es una persona ultraespiritual, sobre todo si usa otros habitos escénicos como siempre hablar con un teclado de fondo, arrodillarse o repetir frases y palabras que detonan emociones fuertes como "tu secreto" o "intimidad" o un uso excesivo de metáforas difíciles de definir como "atmósfera", "fluir", e incluso "unción".

Y sí, yo sé que leer esto puede incomodarte, porque este es el tipo de expresiones que se interpretan como síntomas de espiritualidad en muchos sectores del cristianismo popular... Pero lo cierto es que la espiritualidad bíblica no tiene demasiado que ver con momentos de canto y ojos cerrados

INFLUENCIA

(que claro que no tienen nada de malo, y pueden sentirse muy lindos, ni estoy diciendo que usar esas expresiones sea siempre síntoma de manipulación).

La realidad es que la espiritualidad bíblica tiene que ver con el fruto que produce el Espíritu Santo en nosotros, tal como le detalla Pablo a los Gálatas y no tanto con momentos cúlticos como fuimos enseñados, a dónde es fácil copiar estos comportamientos. Mira lo que dice Pablo:

> *"...este es el fruto que el Espíritu produce en nosotros: amor, gozo, paz, paciencia, benignidad, bondad, fidelidad, humildad y dominio propio.*
> *No hay ley que condene estas cosas".*
>
> (Gálatas 5:22-23)

El fruto que el Espíritu Santo trabaja para ver florecer en nosotros es el carácter de Cristo, y este se expresa en la realidad cotidiana de nuestras vidas más que en las apariencias en momentos cúlticos de notoriedad escénica o en las redes sociales.

La realidad y la percepción son dos cosas muy distintas, y necesitamos discernimiento y visión para notar la diferencia y así poder aumentar nuestra influencia positiva, mejorando la realidad y no solo las percepciones.

La poderosa vitalidad de tu próximo paso

Demasiadas personas pasan demasiados años de sus vidas

con las mismas quejas, los mismos problemas, los mismos sueños y las mismas excusas.

Están siempre en el mismo espacio emocional, y por lo tanto el mismo espacio físico, y ni siquiera son conscientes de su estancamiento. Es como que su reloj emocional se quedó sin baterías en algún momento de su paso a la adultez, y dejaron de madurar.

Lo he dicho en cientos de conferencias: envejecer es obligatorio, pero madurar es opcional, y hacerlo siempre tiene que ver con dar el siguiente paso.

El progreso y la multiplicación de la influencia no requieren que tengamos plena seguridad respecto del resultado final, sino que demos el paso siguiente. Por eso la visión y el discernimiento se necesitan mutuamente para aprovechar cada oportunidad.

Mira con atención las Sagradas Escrituras y te vas a dar cuenta de que Dios suele hablar en oraciones muy precisas, y no en párrafos completos, *¿por qué?* Porque solo podemos obedecerlo un paso a la vez.

La pregunta entonces es: *¿Cuántos de nuestros pequeños pasos, elecciones, hábitos, relaciones y esfuerzos diarios están alineados con nuestros valores y deseos a largo plazo?*

En demasiadas personas hay una desconexión absoluta entre

INFLUENCIA

lo que desean a largo plazo y lo que hacen a diario, y esa desconexión va produciendo un silencioso deterioro de sus expectativas hasta que un día llegan al estancamiento.

Las personas que incrementan su influencia, por el contrario, son aquellas que viven con intencionalidad un día a la vez. No lo logran porque den saltos descomunales, sino por sus pequeños pasos diarios. El caso es que si no dirigimos nuestra vida diaria de acuerdo con nuestras verdades más elevadas, inevitablemente sufriremos esta disonancia.

El poeta portugués Fernando Pessoa escribió: "llega un momento en que es necesario abandonar las ropas usadas que ya tienen la forma de nuestro cuerpo y olvidar los caminos que nos llevan siempre a los mismos lugares. Es el momento de la travesía. Y, si no osamos emprenderla, nos habremos quedado para siempre al margen de nosotros mismos".

Y esto se logra:

En pequeños pasos.

Como cuando un niño se divierte con uno de esos dibujos en los que vas conectando puntos numerados hasta llegar a formar una ilustración completa. De la misma manera funciona el progreso humano.

Sin duda conoces el versículo que dice:

VER, REALMENTE VER

"Tu palabra es una lámpara a mis pies, y una luz en mi sendero"

(Salmos 119:105).

¿Observaste que no habla de destino?

Su Palabra trae a nosotros paz con respecto al futuro al darnos la seguridad de que estaremos con Él, pero lo que busca iluminar son nuestros pasos inmediatos.

También podemos ver esto en las palabras de Jesús cuando les dijo a sus discípulos:

"Tengo muchas cosas más que decirles, que por ahora no podrían soportar"

(Juan 16:12).

O si pensamos, por ejemplo, en su llamamiento, vemos que Jesús solo les dijo:

"Vengan y vean"
(a Andrés y Pedro en Juan 1:39),

"Sígueme"
(a Felipe en Juan 1:43),

e incluso en la versión contada en Mateo 4:18-22 donde se menciona la famosa frase de *"Síganme y los convertiré en pescadores de hombres"*, podemos observar que Él no fue

INFLUENCIA

demasiado específico respecto de exactamente qué harían ni cómo lo harían. Lo que les decía era siempre el siguiente paso práctico que debían dar.

Si Jesús, por ejemplo, le hubiera dicho a Pedro: "Sígueme, y algún día te encontrarás en la peor tormenta de tu vida mientras yo estaré durmiendo, otro día caminarás sobre el agua, una noche vas a negarme tres veces luego de cortarle una oreja a un romano, más adelante les predicarás a muchos luego de que lenguas de fuego te hagan hablar con miles de desconocidos de distintos países, quienes te van a escuchar cada uno en su propio idioma, y… bueno, las leyendas dirán que morirás crucificado boca abajo…"

¿Puedes imaginarte esto? ¡Lo más probable es que así Pedro nunca hubiera seguido a Jesús! Lo que siempre podemos decidir es qué hacer hoy, así como Pedro solo tuvo que tomar la decisión de dejar sus redes el día en que Jesús le pidió que lo siguiera.

Influencia visionaria

Quizás alguna vez te hayas topado con la nota escrita por Albert Camus a su profesor de primario luego de recibir el Premio Nobel de Literatura en 1957. Esta famosa nota escrita a mano decía:

"Querido Señor Germain,
Esperé que se apagara un poco el ruido que me ha rodeado en

VER, REALMENTE VER

estos días antes de hablarle de todo corazón. *He recibido un honor demasiado grande, que no he buscado ni pedido. Pero cuando supe la noticia, pensé primero en mi madre, y después en usted. Sin usted, y la mano afectuosa que extendió al niño pobre que era yo, sin su enseñanza y su ejemplo, no hubiera sucedido nada de todo esto. No es que dé demasiada importancia a un honor de este tipo. Pero ofrece por lo menos la oportunidad de decirle a usted lo que usted ha sido y sigue siendo para mí, y de corroborarle que sus esfuerzos, su trabajo, y el corazón generoso que usted puso en ello continúan siempre vivos en uno de sus pequeños escolares, que, pese a los años, no ha dejado de ser su alumno agradecido. Lo abrazo con toda mi fuerza,*

Albert Camus"

Albert era de padres franceses, aunque nació en África, más exactamente en Argelia, de una madre analfabeta y casi sordomuda, y un padre que prácticamente no llegó a conocer que murió en la Primera Guerra Mundial. Camus llegó a ser uno de los más celebrados novelistas franceses del siglo pasado, y una de las personas más jóvenes en recibir el Premio Nobel de Literatura, pero su historia no se puede entender sin conocer la influencia de su profesor de primario que, cuando su madre quería que fuera a trabajar, la convenció de que el pequeño Albert debía seguir estudiando.

La influencia del maestro Germain no solo benefició a Albert Camus y a su familia, sino a las millones de personas que han leído sus novelas en docenas de idiomas alrededor del mundo.

INFLUENCIA

Esa influencia fue visionaria. El Profesor Germain no vio a Albert por lo que él era al momento de conocerlo, sino por lo que él podía llegar a ser. Y esa es justamente la mirada esperanzada que Dios tiene de nosotros, y la manera en la que los mejores líderes aprenden a influenciar a otras personas.

Define tu significado

Desarrollar una vida de influencia y plenitud no es algo externo de lo cual nos apropiamos, sino algo que ayudamos a crecer desde adentro hacia afuera, con discernimiento y visión.
No es algo que encontramos. Lo decidimos y lo creemos antes de verlo en el mundo físico.

Otro famoso escritor francés llamado Jean-Paul Sartre escribió que "la vida no tiene sentido a priori ya que depende de nosotros darle un significado, y el valor no es más que el significado que cada uno elige". Esto puede sonar abrumador, y también contradictorio con lo escrito por Pablo a los Efesios. Sin embargo, aunque no creo que haya sido la intención de Sartre, creo que esta frase resalta la asombrosa muestra de amor que es el hecho de que Dios haya decidido diseñarnos con libre albedrío. Somos nosotros los que decidimos alinearnos con los planes de Dios, o no. Somos nosotros los que vemos y administramos las oportunidades puestas delante de nuestras narices, o no.

Dios trazó un mapa, pero somos nosotros los que decidimos seguirlo o no seguirlo. Su viento sopla en una dirección,

VER, REALMENTE VER

pero nosotros podemos izar la vela y aprovecharlo para avanzar, o podemos elegir remar contra el viento.

En Dios siempre tenemos nuestro sol, pero podemos elegir vivir a la sombra de nuestras dudas y deudas. Por eso es que debemos alinear nuestras aspiraciones interiores con su plan de redención, considerando las siguientes dos dinámicas:

1. El significado se crea

En el libro Stamina apuntamos que quien mira hacia afuera sueña, pero quien mira hacia adentro despierta a lo que debe soñar. Y es que estoy aprendiendo que al conocernos mejor a nosotros mismos y al conocer mejor a Dios podemos desarrollar la poderosa simbiosis de una vida con un destino trascendente, eligiendo y creando nuestro significado. Para algunos esta idea en tensión puede parecer desconcertante, porque muchas veces asumimos que las dos únicas alternativas para nuestro propósito y significado son, o que todo está predeterminado por Dios o el destino, o que todo es aleatorio.

Creo que esta forma de ver las cosas es limitada, porque el significado como tal es una faceta de la vida y la teología en la que podemos combinar ambos extremos. Esto es lo que sucede, por ejemplo, con la deidad de Cristo, que no era 50% hombre y 50% Dios sino que fue 100 % las dos cosas.

INFLUENCIA

En el campo de la filosofía se suele explicar que "lo absurdo" tiene que ver con el conflicto entre la tendencia humana a buscar el valor y el significado inherente a la vida, y la incapacidad humana para encontrarlos. Pero esa búsqueda en realidad no es un absurdo, sino que, como vimos en el libro Oxígeno, es la expresión innata e instintiva de que necesitamos que alguien mayor que nosotros mismos nos asigne sentido.

Luego de entender esto podemos descubrir con más libertad lo asombroso que es que su amor nos confiera voluntad (libre albedrío) para crear y multiplicar nuestra influencia.

Así es que el significado de nuestra vida no es algo que mágicamente "encontramos", porque no estamos aquí para encontrar significado, sino que mientras estamos aquí tenemos y creamos significado a través de nuestras decisiones y acciones, usando cada pequeña oportunidad para avanzar en lo que creemos que es valioso.

2. Para crear hay que creer

En cuanto a esta segunda dinámica, la religión popular (sea cual sea la etiqueta que use) suele funcionar dentro de un ecosistema conceptual en el que la manera de llegar a Dios (sea el nuestro o cualquier otro) se define en base a la administración de las conductas. Sin embargo, eso no es lo que propone el cristianismo bíblico.

VER, REALMENTE VER

Las conductas son una consecuencia de lo que creemos y de lo que valoramos, y tienen mucho más que ver con el corazón y el discernimiento que con lo que a simple vista se puede observar desde afuera en un momento determinado. Por eso, tanto la vida cristiana como una vida de influencia necesitan fe.

El cristianismo es diferente a cualquier otra religión por el disruptivo concepto de la gracia. El Dios judeocristiano, encarnado en Jesús, toma la iniciativa de amarnos "a pesar de", y reclama de nosotros un amor recíproco antes que obediencia.

Vuelve a leer esto si te sorprende, y piensa en la escena en la que a Jesus le preguntan qué es lo más importante y Él responde lo siguiente:

> "'Amarás al Señor tu Dios con todo tu corazón, con toda tu alma y con toda tu mente'. Este es el primero y el más importante de los mandamientos. El segundo es similar: 'Amarás a tu prójimo con el mismo amor con que te amas a ti mismo'. Los demás mandamientos y demandas de los profetas se resumen en estos dos mandamientos que he mencionado. El que los cumpla estará cumpliendo todos los demás".
>
> (Mateo 22:37-40)

Jesús no dijo que el camino superior sea obedecer al Señor por sobre todas las cosas, que es lo que los cristianos hemos escuchado en tantas ocasiones.

INFLUENCIA

Jesús habló de amar. *¿Por qué?* Porque amar a Dios es poner nuestra fe en quien Dios dice que es, al revelarse en Jesús, invitándonos a una relación con Él.

Luego de esto recién puede crecer la obediencia con la intención correcta. Es decir, la obediencia es una consecuencia y no el medio de la salvación. Es la evidencia y no el camino. La obediencia sin amor es solamente ley y religión, y ellas nunca han redimido a nadie.

Como líderes cristianos, nuestra agenda de trabajo personal debe priorizar el desarrollo (en nosotros y en otros) de una vida de fe en el amor de Dios, que se traduzca en amor hacia otros. Esa es la gran oportunidad de nuestras vidas, y es también lo que alinea nuestra percepción con la realidad y nos llena los ojos de visión para crear.

Tú eres una persona imperecedera con un destino eterno asegurado en Cristo.

¿Lo crees?

Una de las capacidades más críticas que debemos desarrollar en el liderazgo es la habilidad de guiar a otras personas hacia una comprensión más clara de la realidad.

Desarrollar una vida de influencia y plenitud no es algo externo.

El fruto que el Espíritu Santo trabaja para ver florecer en nosotros es el carácter de Cristo, y este se expresa en la realidad cotidiana de nuestras vidas más que en las apariencias en momentos cúlticos de notoriedad escénica o en las redes sociales.

En Dios siempre tenemos nuestro sol, pero podemos elegir vivir a la sombra de nuestras dudas y deudas.

5

AUTORIDAD

AUTORIDAD

Hace no tantos años, confundía la influencia con el reconocimiento y el poder con la autoridad.

Desconocía que el verdadero liderazgo, así como la influencia espiritual, fluyen de lo que somos y no tanto de lo que hacemos.

Luego, al ir madurando, me di cuenta de que lograr la influencia superficial del reconocimiento se puede hacer con un poco de poder posicional, o con algún talento.

Es decir, claro que el reconocimiento o la posición otorgan un grado superficial de influencia.

INFLUENCIA

Sobre todo si tienen su origen en un talento "vistoso".

La trampa está en que esa influencia superficial afecta más a quienes no te conocen que a los que sí te conocen de cerca. Tarde o temprano, la persona que somos en lo secreto sale a la luz, y si eso no está en armonía con el reconocimiento externo, entonces la influencia de valor en quienes sí conocen nuestro secreto se evapora rápidamente. Por eso, lo que en verdad demanda la influencia es verdadera autoridad, y esta fluye del carácter.

Quién eres en lo secreto es lo que logra afectar la vida de las personas que te conocen en serio.

La autoridad es superior al poder

Friedrich Nietzsche escribió en su clásico libro *El crepúsculo de los ídolos* que las ansias de poder son el instinto básico del ser humano.

Según este corrosivo filósofo alemán, el anhelo de controlar nuestro destino a fin de protegerlo de cualquier interferencia es la más básica de todas las tendencias humanas, y aunque Nietzsche fue un ateo acérrimo, él entendió mejor que muchos cristianos modernos que las ansias de poder no pueden estar en amistad con un estilo de vida sano y espiritual.

AUTORIDAD

Por eso es por lo que debemos hacer una distinción fundamental, y es que la autoridad es algo mucho más profundo que el poder.

Jesús tenía poder, pero nunca forzó a nadie a seguirlo. Él hacía invitaciones, no amenazas.

La diferencia entre un líder que solo tiene poder y uno que tiene autoridad es que el primero llega a un resultado por una reacción negativa hacia su liderazgo (usualmente, por temor), mientras que el segundo, en cambio, llega al resultado porque produce una reacción positiva (que siempre incluye algún aspecto del amor).

> **QUIÉN ERES EN LO SECRETO ES LO QUE LOGRA AFECTAR LA VIDA DE LAS PERSONAS QUE TE CONOCEN EN SERIO.**

En otras palabras, cuando un líder logra persuadir a otros de obedecerle porque quieren obedecerle, es que tiene autoridad. Cuando le obedecen porque tienen temor a una represalia, lo que ese líder tiene es solamente poder.
Al volver a concentrar nuestra mirada en Jesús, podemos notar tres ingredientes cruciales para la autoridad:

INFLUENCIA

1. Confianza anclada en una identidad segura
2. Perspectiva entrenada en el discernimiento
3. Integridad a prueba de tentaciones

Analicemos cada ingrediente por separado…

1. Confianza anclada en una identidad segura

Aunque Jesús tuvo mucho público, su manera de actuar demostraba que tenía una sola audiencia. Él no fue un líder con el corazón dividido, que mendigaba aprobación y popularidad en las "redes sociales" de su época, sino que solo le interesaba la opinión de uno.

En Juan 5:30 lo encontramos asegurando:

> "Yo no puedo hacer nada por mi propia cuenta; juzgo sólo según lo que oigo, y mi juicio es justo, pues no busco hacer mi propia voluntad sino cumplir la voluntad del que me envió".
>
> (NVI)

Jesús sabía quién era, qué resultado buscaba, y a quién respondía.

Es curioso, porque el nombre Jesús (*Iesous*) era la forma griega del nombre Yeshúa, también usado como Josué en el

AUTORIDAD

Antiguo Testamento, y en aquel tiempo su significado era conocido por todos. Josué y Jesús significaban "Dios salva". Sin embargo, había una gran diferencia entre lo que el pueblo interpretaba que debía ser salvado, y lo que Jesús sabía que venía a hacer...

Hace unos años, visitando la Iglesia de la Anunciación en Nazaret, tuve una chispa de luz en algo que puede ser muy obvio para otros, pero que yo nunca había observado.

En Mateo 1:20-21, el ángel le explica a José lo que está ocurriendo con María:

> *"José, hijo de David, no temas casarte con María, porque el hijo que lleva en las entrañas lo concibió ella del Espíritu Santo. María tendrá un hijo y lo llamarán Jesús, porque él salvará a su pueblo de sus pecados".*
> (Énfasis agregado)

El Mesías esperado en ese tiempo por Israel vendría a echar a los romanos y restaurar la gloria de los tiempos de David.

¡El pueblo quería un líder popular que los salvara de los pecados de otros, no de los propios!

Pero Jesús tenía una expectativa superior a la establecida por aquel pueblo.

INFLUENCIA

Él hablaba con autoridad porque tenía una agenda divina, y su identidad no se basaba en la cantidad de likes que produjera, ya que su "producto" era eterno y no pasajero.

En 2009 la revista Fortune reconoció a Steve Jobs como el mejor *CEO (Chief Executive Officer)* de la primera década del nuevo milenio. Entre las razones destacadas como criterio para darle al fundador de Apple ese reconocimiento, los editores de la revista de negocios más famosa del mundo escogieron su habilidad para darle al público algo superior a lo que esperaba, y no solo en términos de calidad.

Cuando Jobs introdujo el IPhone, por ejemplo, el público no sabía lo que era un teléfono inteligente con habilidades que nada tienen que ver con hacer una llamada y escuchar a alguien del otro lado.

Nadie lo esperaba y, precisamente por esa razón, nadie sabía que lo "necesitaba" hasta que lo vieron en manos de Jobs. Sin embargo, Steve estaba seguro de su producto independientemente de que el público nunca hubiera visto nada similar.

Los líderes excepcionales responden a un estándar interno que conciben como parte de su identidad, y de allí comienza a emerger su autoridad.

AUTORIDAD

Confían en lo que tienen para ofrecer, porque nunca estarían dispuestos a dar nada menos de lo que a ellos mismos les hiciera estar satisfechos.

En el caso de Jesús, su estándar era divino. Aunque es cierto que Él estaba motivado por una gran compasión hacia las personas, aun así su estándar de conducta no era lo que la gente esperara de Él, sino que era su identidad.

> **LOS LÍDERES EXCEPCIONALES RESPONDEN A UN ESTÁNDAR INTERNO QUE CONCIBEN COMO PARTE DE SU IDENTIDAD, Y DE ALLÍ COMIENZA A EMERGER SU AUTORIDAD.**

Jesús tenía claro que el Hijo de Dios debía hacer la voluntad de su Padre.

2. Perspectiva entrenada en el discernimiento

Los mejores líderes reinterpretan su contexto. Lo miran de una manera diferente y, con sigilo primero y abiertamente después, logran también que otras personas lo reinterpreten así.

Esta clase selecta de líderes son los que escuchan lo que

INFLUENCIA

otros no pueden y ven lo que otros no perciben. Claro que no solo se quedan ahí. Su visión está anclada en su identidad, y se expresa en su conducta al vivir y al liderar. Por eso resulta vital que analicemos este aspecto crucial del liderazgo. Sin lugar a duda, los mejores líderes son visionarios, y no necesariamente en un sentido "futurista", sino en que poseen una perspectiva superior.

"Reino", "poder", "samaritano", "mujer"… estas eran algunas de las palabras que, al ser pronunciadas, instantáneamente ponían en la mente del pueblo hebreo una imagen largamente adjetivada.

Estaban relacionadas con una cosmovisión comúnmente aceptada, pero Jesús cuestionó esas interpretaciones.

Él les dio una nueva interpretación a palabras que eran parte de los valores colectivos de su contexto. Jesús miraba más profundo, y en Marcos 2:1-5 tenemos un ejemplo de esto:

> "Días más tarde, Jesús regresó a Capernaúm. La noticia de que estaba en casa se esparció rápidamente. Y pronto la gente llenó tanto la casa que no quedó sitio para nadie más ni siquiera frente a la puerta.
> Y él predicaba la palabra.
> Entonces llegaron cuatro hombres llevando a un

AUTORIDAD

paralítico. Como no pudieron pasar entre la multitud para llegar a Jesús, subieron a la azotea, hicieron una abertura en el techo, exactamente encima de donde estaba Jesús, y entre los cuatro bajaron la camilla en la que yacía el paralítico.

Cuando Jesús vio la fe de ellos, le dijo al paralítico:

- Hijo, tus pecados quedan perdonados".

> **LOS MEJORES LÍDERES REINTERPRETAN SU CONTEXTO. LO MIRAN DE UNA MANERA DIFERENTE Y, CON SIGILO PRIMERO Y ABIERTAMENTE DESPUÉS, LOGRAN TAMBIÉN QUE OTRAS PERSONAS LO REINTERPRETEN ASÍ.**

Esta es una escena asombrosa. Jesús está predicando dentro de una casa, y unos hombres se suben al techo y comienzan a correr las cañas con la paja (quizás hasta cortan las ramas gruesas que hacían de vigas transversales) y bajan a un paralítico en una camilla.

Cómo debería continuar la escena parece obvio para los presentes, e incluso para nosotros como lectores. Todos

INFLUENCIA

estamos listos para alegrarnos con la sanidad que se avecina. Pero no… Algo ocurre primero. Jesús hace una afirmación inesperada: *"Hijo, tus pecados quedan perdonados"*.

No creo que haya sido eso lo que estaban esperando los amigos del paralítico, ni la multitud de observadores, ni el hombre que se encontraba en la camilla. Pero Jesús sabía algo que ellos no sabían. Algo que ni siquiera el paralítico sabía.

Jesús sabía que este hombre tenía una necesidad superior. Es importante entender que cuando Jesús habla de "pecado", no se está refiriendo necesariamente a las cosas malas que hacemos, sino a una necesidad más profunda. Básicamente, el pecado consiste en una falta de reconocimiento de la autoridad de Dios.

Ese hombre era infeliz por su parálisis, pero una vez curada la parálisis, su enfermedad más profunda seguiría allí. La euforia de haber sido sanado y la aventura de volver a caminar lo alegrarían por un rato, pero su corazón seguiría igual que antes.

Cuando vemos lo que Jesús ve, nos damos cuenta de que el verdadero problema de este hombre era que Él creía que si se curaba de su enfermedad, estaría resuelto su problema. Por eso Jesús comenzó desde la raíz.

AUTORIDAD

Retomemos la escena y leamos Marcos 2:6-12:
> "*Algunos maestros de la ley que estaban allí sentados pensaron: '¿Cómo se atreve a hablar así? ¡Eso es una blasfemia! ¡Dios es el único que puede perdonar los pecados!'.*
> *Jesús les leyó el pensamiento y les dijo:*
> *-¿Por qué piensan ustedes así? ¿Qué es más fácil, decirle al paralítico 'tus pecados quedan perdonados' o decirle: 'Levántate, toma tu camilla y anda'? Pues voy a probarles que yo, el Hijo del hombre, tengo potestad para perdonar los pecados.*
> *Entonces se dirigió al paralítico y le dijo:*
> *-A ti te digo, levántate, recoge la camilla y vete.*
> *El hombre se levantó de inmediato, tomó su camilla y se abrió paso entre la asombrada concurrencia que, entre alabanzas a Dios, exclamaba:*
> *-Jamás habíamos visto nada parecido".*

¿Por qué se enojaron los religiosos? Ellos sí sabían que, en un sentido primario, el pecado es sinónimo de desconocer la autoridad de Dios. Entonces entendieron que Jesús, al perdonar los pecados del paralítico, estaba afirmando que Él era Dios, ¡y por eso su declaración los alteró tanto! Ellos comprendieron que nada de lo que estaba haciendo Jesús tenía mucho sentido si Él no fuera verdaderamente Dios.

INFLUENCIA

Ahora, reparemos un momento en la pregunta final que hizo Jesús antes de la sanidad: *¿Qué era más fácil, perdonarle los pecados al paralítico, o sanarlo?* Aquí Jesús parecía estar insinuando que cualquiera puede decir *"Tus pecados quedan perdonados"*, pero no cualquiera puede sanar.

Sin embargo, es posible que esta pregunta tenga más de una repuesta. Jesús también podría estar implicando que. Él no era solo un sanador. Alguien que no sea Jesús puede operar una sanidad a través de ese don espiritual, pero solo Jesús puede salvar y perdonar los pecados.

3. Integridad a prueba de tentaciones

La costumbre rabínica en los tiempos de Jesús era citar a dos o más rabinos anteriores para balancear sus opiniones, y luego alinearse más con una opinión que con la otra, a fin de edificar la propia. Pero Jesús no hablaba así. Él daba respuestas directas, e incluso contradecía lo que las distintas escuelas rabínicas conocidas de su tiempo ya habían expresado.

Esto puede sonarle muy normal a una persona posmoderna, pero no era así en aquella época. El respeto por las autoridades religiosas, y aun por los mayores, no daba espacio para que un rabí joven hiciera eso sin ser rechazado. Por eso es necesario notar que había algo más que aparente

AUTORIDAD

rebeldía en Jesús. Sin duda su tono, su mirada y su integridad le permitían decir lo que decía.

En Mateo 7:28-29 leemos:

"Cuando Jesús terminó de impartir estas enseñanzas, la multitud que lo había escuchado quedó admirada, porque enseñaba como alguien que tiene gran autoridad y no como los escribas".

También es interesante observar que durante el llamado "Sermón del monte" Jesús usó seis veces variantes de la siguiente frase: *"Ustedes oyeron que se decía... Pero yo les digo..."*, o *"Ustedes saben que está escrito... Pero yo les digo..."*, y sabemos que estas afirmaciones fueron, entre otras cosas, las que lo encaminaron hacia la cruz. Aunque no sucedió de inmediato.

Cualquier otro, incluso afirmando mucho menos que esto, hubiera terminado en el Gólgota mucho antes.

Entonces, *¿por qué el suspenso?* Porque Jesús contaba con el favor del pueblo. Jesús acompañaba sus palabras con demostraciones de poder, conocimiento escritural, generosidad, y una bella pureza que atraía tanto a los niños como a los adultos (Lucas 18:15-17).

INFLUENCIA

En lenguaje evangélico podríamos llamar a esto último "santidad", y estaríamos en lo correcto. Sin embargo, esta palabra últimamente ha perdido parte de su sentido y se ha convertido en algo demasiado ajeno, y por eso prefiero en esta ocasión referirme a esta virtud con la palabra "integridad".

La autoridad se acerca a quien da poder, beneficios, e incluso dinero a otros, pero se aleja de quien solo los quiere para sí. En este sentido, Jesús fue un polo de atracción de autoridad. Él pedía todo, y a la vez nada. Él lo daba todo y, con su ejemplo, provocaba a otros a darlo todo también. Jesús actuaba por gracia, amor incondicional, y compasión.

Quien se relacionaba con Él se llevaba siempre algún beneficio. Jesús agregaba valor en dondequiera que posara sus ojos, moviera sus labios, o tocara con sus manos.

Nunca hubo contra Él ninguna acusación moral o económica. Se cuestionaban sus ideas, sus interpretaciones de la Torá, e incluso sus milagros, pero no su comportamiento hacia la gente ni su compasión.

Los líderes que tienen esa belleza de carácter no solo despiertan admiración, sino que consiguen además algo todavía superior: confianza. Es por eso que pueden llevar a sus empresas, organizaciones, congregaciones, y aún a sus

AUTORIDAD

familias, mucho más allá de lo que podrían llegar solo con talento, conocimiento organizativo o poder.

¿Quien no quiere seguir a alguien cuya influencia prioriza el beneficio a otros y no el suyo propio?

6

ESA LADRONA LLAMADA PROCRASTINACIÓN

ESA LADRONA LLAMADA PROCASTINACIÓN

Empezar es sensacional, y es una parte vital de cada proceso, pero lo que genera mayor influencia (con el plus de un mayor bienestar interior) es sin dudas el terminar.

Terminar le gana a empezar.

¿Y... qué lo puede impedir?

En demasiados casos, la procrastinación.

Seguro escuchaste o leíste alguna vez acerca de la procrastinación, pero quiero presentártela con el mayor detalle posible para que cuando se cruce en tu camino

INFLUENCIA

puedas identificarla, ya que no es tu amiga y hay quienes, por no conocerla bien, la tienen como compañera durante toda la vida.

Una de las confusiones más comunes con ella es creer que la procrastinación es gemela de la pereza. Quizás son de esas primas que se parecen, pero definitivamente no son gemelas. La pereza es una de las causas que producen procrastinación, pero no es la única, y en la práctica hay personas a las que nadie podría llamar perezosas y, sin embargo, suelen no terminar lo que empiezan.

Según los diccionarios, la procrastinación es un problema de regulación emocional que contribuye sin atenuantes a nuestro estrés, ansiedad, y obviamente a la improductividad... lo que, en otras palabras es sinónimo de pérdida de influencia.

¿Por qué hacemos esto?

Obviamente no hay una sola súper-causa de por qué prácticamente todos los seres humanos luchamos con la procrastinación alguna vez, y por eso creo que es muy valioso hacer una lista de las principales causas para lograr contrarrestarla. Te propongo una cuenta regresiva:

6 - Indecisión como cultura

Hay decisiones que en el pasado eran muy simples, como por ejemplo escoger a qué dedicarse. Usualmente las personas hacían el mismo trabajo que sus padres, y ellos el mismo que los suyos.

Eso cambió en los siglos XVIII al XX con la democratización de las sociedades y la Revolución Industrial, y luego recibió un golpe en el estómago con la transformación digital de las últimas décadas.

Hoy las posibilidades son tantas y tan variadas, que el efecto colateral es que las personas pierden mucho tiempo considerando un exagerado menú de opciones sin terminar de decidirse. Esto tiene un impacto sobre la psiquis y, si uno no es consciente, se convierte en un hábito emocional.

Por poner otro ejemplo, hace tan solo unos años solo había una o dos películas en la TV entre las cuales elegir un jueves por la noche, y esto era a cierta hora específica que el canal ya había predeterminado también.

Hoy en día la realidad es muy diferente, y si no lo pensamos demasiado suena a que es mucho más rica...

INFLUENCIA

Sin embargo, ¿lo es? ¿Cuál es el impacto práctico sobre nuestra mente, nuestras emociones, y nuestro uso del tiempo, de tener tantas opciones?

Es posible que la indecisión se convierta en la norma y no la excepción, y de allí emerge el veneno adormecedor de la indecisión y la procrastinación como cultura.

5 - Inseguridad personal

Dudar de nuestras habilidades aumenta la ansiedad que producen las tareas y los objetivos que debemos cumplir.

Al no creernos capaces solemos posponer ese fracaso que creemos inevitable, sin darnos cuenta de que prolongamos así esta sensación. La pregunta que siempre debemos hacernos ante una tarea es si tenemos las herramientas y habilidades necesarias y el tiempo adecuado para cumplirla, y si de antemano consideramos que no tenemos la capacidad de lograrla, entonces debemos evitarla antes de hacer ningún tipo de compromiso.

En otras palabras: debemos decir que no.

Claro, hay ocasiones en que la mejor experiencia surge de aventurarnos a hacer algo que considerábamos muy desafiante.

ESA LADRONA LLAMADA PROCASTINACIÓN

Pero hay una enorme diferencia entre considerar que una tarea u objetivo es desafiante, y comprometernos sin la más mínima evaluación de que tenemos las herramientas básicas para hacerlo.

Mientras escribo esto me viene la mente una situación con un programador que contratamos para hacer algunas actualizaciones de fondo en la plataforma educativa del **Instituto e625**.

Cuando llegamos a los plazos establecidos, comenzamos a indagar en los resultados sin encontrar respuesta. Le escribíamos por distintos medios, pero no recibíamos resultados ni noticias. Luego de un par de pedidos y preguntas respondidas con silencios, le escribí asegurándole que lo que yo quería era ayudarle, y que necesitaba hablar sin enojos para ver cómo solucionábamos la situación.

Al fin me respondió y, siendo que estábamos en países diferentes, concertamos una reunión virtual, la cual comencé con afirmaciones y sonrisas a pesar de estar realmente frustrado. Al irse relajando, el programador comenzó a confesarme que lo que sucedía es que no debería haber tomado el trabajo porque desde el primer momento supo que el plazo le era imposible, y que además había una cuestión que había encontrado de entrada y que no sabía solucionar.

INFLUENCIA

Mi pregunta inmediata fue por qué no me dijo ni bien se dio cuenta, y por qué no había avanzado con todas las cosas simples para las que sí tenía solución.

No supo cómo responderme. Este programador no solo había dicho que sí a algo a lo que debería haber dicho que no, sino que no había hecho lo que sí podía hacer por la ansiedad paralizante que le producía lo que no podía hacer. Por esa inseguridad se había agravado la situación, ya que no había buscado ayuda ni había replanteado las expectativas al mismo momento de darse cuenta de que no iba a poder cumplir con lo esperado.

4 - Pereza

La Biblia llama "pereza" al poco esfuerzo, y tiene varias advertencias al respecto:

> *"La pereza hace dormir profundamente, y el perezoso habrá de pasar hambre".*
> (Proverbios 19:15, DHH)

> *"Los perezosos empobrecen pronto..."*
> (Proverbios 10:4)

ESA LADRONA LLAMADA PROCASTINACIÓN

"Por negligencia se hunde el techo, y por pereza tiene goteras la casa".

(Eclesiastés 10:18, LBLA)

"No sean perezosos; sirvan al Señor con el entusiasmo que da el Espíritu".

(Romanos 12:11)

Y el apóstol Pablo incluso escribe:
"Hermanos... les rogamos que reprendan a los perezosos..."

(1 Tesalonicenses 5:14)

Está claro: La pereza no es algo a lo que la Biblia se refiera con tibieza.

Esforzarse poco es un problema de carácter.

Demuestra falta de amor, propio y ajeno, y en muchas ocasiones altivez y soberbia, ya que no considera las consecuencias de la procrastinación en otras personas sino que, con egoísmo, pone la comodidad del momento por encima del resultado.

INFLUENCIA

3 - Falta de foco

Demasiados de nosotros no logramos demasiado cuando intentamos lograr demasiado sin lograr "algo", y cuando esta es la norma comenzamos a posponer los compromisos debido al cansancio que producen tantos esfuerzos sin foco.

Queremos ser todo para todos, olvidando que el único que puede hacer eso es Jesús. Él es ilimitado, y por eso no necesita límites. Nosotros, en cambio, somos limitados, y entonces necesitamos…

Estás en lo correcto: ¡límites! O, dicho de otro modo, necesitamos foco. Necesitamos enfocar nuestra mirada, nuestro tiempo y nuestras habilidades en lograr algo y no "perseguir el viento", como dice Eclesiastés 1:17.

En las historias de productividad, y en las vidas llenas de margen y oxígeno, no hay "todólogos", sino personas que definieron el foco de su atención y supieron delegar las tareas que no les correspondían, evitando así las distracciones.

Estas personas aprendieron que una distracción no necesariamente tiene que ver con algo malo, sino que puede ser simplemente darle atención a algo que no debe ser prioritario en determinado instante de tu vida.

ESA LADRONA LLAMADA PROCASTINACIÓN

Las personas distraídas de su foco terminan cansadas y sin haber logrado demasiado, y cuando esta situación se hace la norma, es como una bola de nieve que crece hasta producir una resistencia a asumir nuevos desafíos, por lo que estas personas pronto se acomodan a seguir haciendo todo lo que ya hacen, sin progresar en aquello que conseguiría mejores resultados.

¿Suena paradójico? Sí, y quizás debas leer eso de nuevo, porque muchas veces esta paradoja se presenta como una bifurcación en el camino cuando debemos decidir entre lo urgente y lo importante, y nos deja paralizados sin saber qué calle seguir.

La procrastinación puede ser el resultado de intentar evitar el malestar emocional de hacer algo más, encima de todo lo que ya estamos haciendo, aun cuando ese "algo más" sea más importante y productivo que lo que ya estábamos haciendo.

En otras palabras: Si todo lo que estamos haciendo despista nuestros esfuerzos, desviándolos de lo que sería más crucial hacer en el instante en el que estamos, entonces definitivamente debemos tomar la decisión de hacer menos de lo que no consigue resultados, y más de lo que sí lo hará.

INFLUENCIA

2 - Perfeccionismo

Demasiados líderes confunden la voz del perfeccionismo con una búsqueda de la excelencia, pero son dos cosas diferentes. No es lo mismo dar nuestro mejor esfuerzo, que sentirnos paralizados o crear un estrés descontrolado ante la posibilidad del error.

Cuando tenemos por delante un proyecto con el que vamos a exponernos a la opinión de otras personas y sabemos que corremos el peligro de no gustar o de ser desaprobados, la ansiedad que esto produce puede evitar que nos preparemos bien. Y es que el perfeccionismo crea una ansiedad que suele engañarnos a pensar que para lograr un desempeño ideal debemos prepararnos en una situación ideal, y como la "situación ideal" de preparación nunca llega, entonces el desempeño no solo no es perfecto, sino que es inferior a lo que podría haber sido si hubiéramos usado bien el tiempo en prepararnos.

El perfeccionismo va a odiar este libro, porque la procrastinación que nace del perfeccionismo no solo lastima tus logros externos sino que magulla tu vida espiritual, tu desarrollo cognitivo, tu salud fisiológica, y tu influencia positiva en otras personas. ¿Te parece exagerada mi acusación?

ESA LADRONA LLAMADA PROCASTINACIÓN

Es el perfeccionismo el que te dice que si no lograste levantarte más temprano y orar más tiempo, no vale siquiera la pena que ores aunque sea unos minutos y vuelvas a intentarlo al día siguiente, o que explores para ver si te resulta mejor hacerlo por las noches.

Es el perfeccionismo el que te dice que no sigas leyendo buenos libros porque solo pudiste avanzar una página esta semana.

Es el perfeccionismo el que te dice que no vale la pena seguir con una dieta cuando la rompiste al cuarto día.

El perfeccionismo te roba autoridad y empobrece tu legado hacia tus seres más queridos, ya que magnifica tus errores y minimiza tu progreso, porque dramatiza tu imperfección. Esto es peligrosísimo, sobre todo cuando disfrazándose de excelencia te envía mensajes de texto mentales diciéndote que él es lo contrario al fracaso.

¡No le creas, porque no lo es! Lo contrario al fracaso es el crecimiento, y a él se llega dándole la bienvenida a la incomodidad de las situaciones no ideales, y preparándote para avanzar lo más que puedas dentro de la imperfección, siempre con expectativas realistas y sabiendo que cometer errores es parte del éxito del crecimiento que embellece tu influencia.

INFLUENCIA

1 - Temor al fracaso

El miedo a ser considerados un fracaso paraliza a muchas personas de alto potencial, y es uno de los peores saboteadores de productividad en la vida de muchos líderes.

Esto sucede porque se dejan seducir por un susurro interior que les dice que es mejor que otros piensen que no lo intentaron, a que piensen que lo hicieron y fracasaron.

Esta es una asombrosamente ridícula tontería que, sin embargo, ha encontrado lugar en muchas mentes supuestamente brillantes.

Nadie nunca será recordado por lo que no hizo, a menos que haya tenido una gran oportunidad y no la haya aprovechado, con lo cual ya fracasó aunque no haya hecho nada.

Sin embargo, este temor hoy está publicitado por dos mentiras sociales muy propias de nuestra época:

La primera es el resultado del exagerado motivacionismo del pensamiento humanista positivo. Ese que te enseñó que "fracasar no es una opción", como si fracasar en algo no fuera parte normal de la vida, e incluso en millones de historias, la instancia anterior y necesaria para el éxito.

ESA LADRONA LLAMADA PROCASTINACIÓN

Como escribí en el libro Stamina, y muchos me lo han agradecido, fracasar siempre es una opción, y de hecho puede ser una de las mejores avenidas para tu crecimiento, e incluso una de tus mayores catapultas de productividad y progreso una vez que aprendes a usarla bien.

La segunda mentira social de hoy en día es el monstruo de la comparación injusta con los "unicornios". Estos son casos aisladísimos de alguien que se hace muy popular, e incluso millonario, haciendo algo en las redes sociales o en el arte.

De hecho, por eso se les llama "unicornios", porque son casos prácticamente imposibles.

Lo malo es que provocan que millones de personas inmaduras, al hacer lo mismo y no conseguir los mismos resultados, se sientan fracasadas por no lograr algo que ya de entrada era tan probable de lograr como ganarse la lotería de fin de año.

El fracaso, en muchísimas situaciones, es simplemente una sensación. Es una cuestión de perspectiva y actitud, y no una situación dramática, a menos que así la percibamos.

INFLUENCIA

Mayordomía del momento

Me gustaría haber guardado una moneda por cada ocasión en la que me preguntaron cómo es que escribo los libros que he tenido la oportunidad de escribir, aun cuando hago tantas otras cosas que me demandan muchos viajes.

Mi respuesta es que los escribo una oración a la vez, y te comparto esto porque tiene todo que ver con el antídoto a la procrastinación. Aunque suelo tomarme retiros especiales para escribir, y he tenido también momentos de inspiración en los que me salen muchos párrafos, e incluso capítulos de un tirón, lo usual es que cuando estoy trabajando en un libro haya días en los que avanzo solo una o dos oraciones. A veces incluso solo hago una pequeña corrección a lo que ya había escrito.

En muchas ocasiones tuve días enteros dedicados a escribir en los que me senté por horas y solo avancé una oración, la cual reescribí un par de veces... y claro que esto no es lo ideal, pero aprendí a considerarlo también una victoria, porque si le di precisión a un par de palabras, al fin y al cabo avancé.

Esto tiene que ver también con esa gema preciosa que ya mencionamos: Jesús llamó a los discípulos con oraciones, y no con párrafos, porque a Dios le interesa tu próximo paso.

Allí está la mecha que enciende o deja de iluminar tus oportunidades.

Un paso a la vez.

Un ratito de estudio. Un llamado. Ese email atrasado. Esa cita pendiente. Una página más.

¿Sabías que un testimonio común en la vida de muchas personas destacadas es facilitar su productividad con simples listas visibles de tareas para completar?

INFLUENCIA

En el libro Margen distinguimos cuán vital es comprender que el tiempo es algo predeterminado (porque todos tenemos la misma cantidad de horas en cada día) pero la energía no, y que por eso es fabulosamente sabio ser buenos mayordomos en ampliar nuestra energía fisiológica, emocional, mental, y espiritual, a la vez que aprendemos a gestionar mejor el uso de nuestro tiempo. Si todavía no leíste Margen no dejes de hacerlo, porque la mayordomía inteligente del tiempo se entrelaza con el desarrollo y cuidado de nuestras fuentes de energía, que no son iguales para todos y ni siquiera lo son para nosotros mismos en cada momento de nuestras vidas.

Tony Schwartz y Catherine McCarthy escribieron lo siguiente para el *Harvard Business Review*, en referencia al agotamiento que experimentan muchos ejecutivos: "La energía puede ampliarse sistemáticamente y renovarse periódicamente mediante el establecimiento de rituales específicos (comportamientos que son intencionalmente practicados y programados con precisión, con el objetivo de hacerlos inconscientes y automáticos lo más rápido posible) y esto da mejores resultados que el simple hecho de destinar más horas al trabajo con la expectativa de ser más productivos". En otras palabras, la solución a la procrastinación no es simplemente proponernos hacer más, sino ser más inteligentes en cómo usamos los talentos, la energía, y el tiempo, y aprender a callar nuestras ansiedades imaginarias.

De allí es que emergen estas cuatro pequeñas mejoras que podemos hacerle a la gestión de nuestras voluntades:

- Comprométete con el proceso y no con los resultados

La razón de por qué millones de personas abandonan su resolución de bajar de peso cada enero, es porque en diciembre se comprometieron con un deseo y no con los pasos para que ese deseo pueda convertirse en realidad. Por ejemplo, no se comprometieron a dejar de ponerle azúcar al café, o a caminar 20 minutos cuatro días a la semana, o a no comprar chocolates o helado en el supermercado para no tentarse en las noches. Se comprometieron a bajar de peso... sin darse cuenta de que ese es un resultado que no pueden controlar. En cambio, no ponerle azúcar al café, o ponerle menos, sí es algo tangible, y por lo tanto mucho más fácil de realizar. Yo lo sé porque logré hacerlo hace algunos años, a pesar de que antes, según Valeria, no tomaba café con azúcar sino azúcar con café.

- Comprométete con tu parte y no con las de los demás

Tristemente, el complejo de Mesías ha deteriorado la salud de demasiados líderes cristianos. Esto no significa que no debamos desarrollar empatía o colaborar con las necesidades y el éxito de otros.

Significa que no podemos hacer eso si no tenemos cuidado de nosotros mismos, y si no reducimos nuestro foco para dedicarnos a aquellas actividades que logran el mayor impacto en las distintas facetas de nuestra vida.

INFLUENCIA

Necesitamos sacarnos la túnica de Mesías y comprometernos a poner en nuestros frascos las piedras más grandes primero, porque solo así podremos tener nuestras cosas en su lugar, y espacio para los demás, sin que esto nos produzca un desorden. Tu relación con Dios y tu desarrollo no se delegan, pero sí debes delegar las tareas que pueden hacer otros, y sobre todo el estrés que ellas producen. Pocos pastores y gerentes comprenden los beneficios de delegar, y por eso sus ministerios, negocios, o empresas no crecen como ellos desearían. Esto es porque ellos son un cuello de botella por el que tienen que pasar todas las decisiones, ya que todo el mundo está acostumbrado a consultarlos para todo.

Esto sucede mucho en el ámbito cristiano, donde se aparenta hacerlo por un espíritu de servicio pero en realidad es por un espíritu de inseguridad que influye también negativamente en otros, quienes se hacen dependientes de este tipo de liderazgo.

Delegar no es sinónimo de abandonar o de no colaborar, porque la delegación eficaz siempre tiene alguna medida de supervisión y evaluación. Lo que sí significa es que no puedes cargar con las responsabilidades de otros además de las tuyas.

- Encuéntrale el gran por qué

En el libro Liderazgo Generacional escribí que hay algo peor que no saber hacer las cosas, y es no saber por qué las hacemos. Sin un "por qué" claro, perdemos el ímpetu. Se apaga la pasión o, peor, se contamina con motivaciones equivocadas, propias de nuestra pecaminosidad, que seducen nuestros pasos hacia el autoservicio y la comodidad.

Comenzamos a perder el tiempo, a desarrollar una actitud de queja, y a llenarnos de excusas con las que perdemos nuestras posibilidades de progreso e influencia, debido a que no logramos conectar las tareas del momento con un plan trascendente. Conectar nuestras tareas con lo que Dios está deseando hacer en nosotros y con la influencia que podemos ejercer en otros, aumenta nuestra energía para soltar la pantalla, o para levantarnos del sofá y apagar la TV, porque entendemos la urgencia de hacer lo que debemos hacer cuando le vemos sentido y propósito a lo que hacemos.

¿Te acuerdas de lo que leímos en los primeros capítulos de Efesios? Tu vida fue diseñada con el destino de agregar valor a otras personas, y lo que te toca hacer es parte del eco de mejoras, y hasta de eternidad, que puedes producir en las vidas de otros (Efesios 2:10).

- Agrégale diversión

Divertirte es una necesidad fisiológica instalada por Dios, y, de hecho, todos los recientes hallazgos de las neurociencias

INFLUENCIA

prueban que las actividades humanas se facilitan cuando en el cerebro se movilizan las hormonas del placer. Estudio tras estudio lo han confirmado.

Divertirse aumenta los niveles de serotonina, que es la sustancia química que regula muchos de nuestros procesos más básicos, incluidos los patrones de sueño, la memoria, la temperatura corporal y el estado de ánimo.

Realizar actividades que disfrutes te desestresa y te ayuda conectarte con los demás, aumentando naturalmente los niveles de serotonina en el cuerpo. Por eso debemos dejar atrás el mito popular que dice que el desempeño de alto nivel debe ser siempre doloroso y difícil para ser productivo. Pero no me malentiendas. El punto aquí no es abandonar cada cosa que no resulte divertida en sí misma. Prepararte para una maratón es difícil. Levantarte más temprano, o acostumbrarte a dormirte más temprano, son desafíos para tus hábitos mentales. Tomar nuevos cursos, o atender algún conflicto en tu organización que no va a desaparecer porque lo ignores, nunca serán tareas divertidas en sí mismas. Pero siempre podemos agregarle a las cosas una cuota de diversión, y esto implica una acción de la voluntad.

Por eso, una pregunta que debemos aprender a hacernos es: *¿Cómo puedo hacer de esta tarea algo más disfrutable?* Yo he contado en un par de ocasiones que si deseo correr para mantenerme en forma, mi manera de hacerlo divertido es correr haciendo algún deporte colectivo, ya que correr yo solo lo encuentro demasiado aburrido y pronto lo abandono. O leer, ya no puedo hacerlo siempre antes de irme a dormir porque se me cierran los ojos. Pero descubrí que puedo hacerlo como una pausa corta en mi día de trabajo. O por ejemplo, una reunión importante donde tengo que tratar algún tema tenso prefiero tenerla en un almuerzo comiendo algo rico.

Divertirnos no es algo que haya sido muy alentado en la cultura que heredamos de nuestros antepasados, pero debemos recordar que en la antigüedad el pueblo de Dios era reconocido por tener un calendario lleno de grandes celebraciones, y cuando leemos de ellas en el texto bíblico se hace evidente que eran ocasiones extremadamente festivas, ¡porque el inventor de la diversión fue Dios!

La procrastinación ya te habrá robado momentos y logros en el pasado. Ayer quizás dijiste mañana, pero hoy la capacidad de evitarla está a tu alcance... una pequeña acción correcta a la vez.

Al no creernos capaces solemos posponer ese fracaso que creemos inevitable, sin darnos cuenta de que prolongamos así esta sensación.

Demasiados de nosotros no logramos demasiado cuando intentamos lograr demasiado sin lograr "algo".

La solución a la procrastinación no es simplemente proponernos hacer más.

El perfeccionismo magnifica tus errores y minimiza tu progreso, porque dramatiza tu imperfección.

Fracasar siempre es una opción, y de hecho puede ser una de las mejores avenidas para tu crecimiento.

Divertirte es una necesidad fisiológica instalada por Dios.

7

LA GESTIÓN DE LAS VOLUNTADES

LA GESTIÓN DE LAS VOLUNTADES

Leí por ahí que entre lo que pensamos, lo que queremos decir, lo que decimos, lo que quisiéramos oír, lo que oímos, lo que verdaderamente dijo el otro, y lo que interpretamos, hay demasiadas posibilidades de que no nos entendamos... y por eso el liderazgo es fácil hasta que incluye personas.

Ahora que ya establecimos con claridad que nuestro instinto de trascendencia es un regalo de Dios, y que la influencia se magnifica con humildad, se amplifica con discernimiento y visión, y se fortalece con la verdadera autoridad que surge del carácter, llegó el momento de darle cuerpo, ya que no existe ninguna influencia real sin relaciones.

Esta idea parece básica, sin embargo hay muchas personas

INFLUENCIA

en posiciones de liderazgo que tienen muy poca inteligencia relacional. Una persona sin esta inteligencia podrá destacarse en algún aspecto de su vida, pero nunca podrá tener ese sentido de realización que solo dan las relaciones en armonía.

¿Qué les hace cantar?

Para relacionarnos mejor con otras personas es fundamental entenderlas, y en este sentido a mí me fue muy útil encontrarme con la "jerarquía de necesidades" de Abraham Maslow, que es un modelo teórico para explicar las necesidades humanas.

Maslow desarrolló su teoría en 1943, y hay muchos ejemplos del uso de la jerarquía de necesidades de Maslow en psicología del comportamiento desde entonces. La teoría describe diferentes niveles de necesidades que Maslow esquematizó como una pirámide, con las necesidades más básicas en la base. En esta escala de necesidades hay cinco niveles:

1. Necesidades fisiológicas

Este es el nivel más básico de necesidades, e incluye cosas como comida, agua y refugio. Los seres humanos necesitamos estas cosas para sobrevivir. Si estas necesidades no están cubiertas, poca atención se le puede prestar a las otras necesidades más complejas en la jerarquía. (Y aunque pareciera que este nivel se refiere a casos extremos, hay

LA GESTIÓN DE LAS VOLUNTADES

ocasiones en las que un mal humor se debe simplemente a haber comido o dormido mal).

2. Necesidades de seguridad

En un cercano segundo lugar se encuentran las necesidades de seguridad, y hay mucha gente en el mundo, quizás incluso a nuestro alrededor, que no tiene o no tuvo estas necesidades cubiertas, al menos durante algún período de tiempo. El saber que nuestras posesiones están a salvo de robo o vandalismo es una necesidad emocional y práctica muy básica para poder desarrollar correctamente nuestras funciones. Esta parte de la jerarquía también abarca la seguridad emocional y, quizás hoy más que nunca, la seguridad financiera. En conjunto, esto significa que alguien que se siente seguro y protegido y puede concentrarse más en los escalones superiores de la jerarquía de necesidades.

3. Necesidades de amor y pertenencia

Una vez cubiertas las necesidades fisiológicas y de seguridad, el siguiente conjunto de necesidades que resulta importante satisfacer tiene que ver con el amor y la pertenencia. Los terrícolas somos criaturas inherentemente sociales, y todos necesitamos experimentar amor. Amar y sentirnos amados tiene mucho más que ver con nuestro funcionamiento de lo que sospechamos. De hecho, para lograr realización y satisfacción personal, necesitamos sentir que no estamos a la deriva. Necesitamos tener un sentido de pertenencia a distintos grupos sociales. Esto puede referirse a grupos pequeños y cercanos, como familiares o amigos, y se hace muy evidente durante la adolescencia, con esa necesidad casi desesperada que tienen los chicos y chicas a esa edad de ser aceptados por sus pares además de por su familia. También se relaciona con escenarios sociales más amplios, como los lugares de trabajo o las escuelas. Alguien que se siente excluido o aislado no logrará ser un miembro muy productivo de ninguna organización. Un sentido de pertenencia es fundamental para que un empleado trabaje con entusiasmo, para que un voluntario quiera dar de su tiempo, para que los miembros de una familia colaboren, y para que un alumno abrace su posibilidad de aprender.

4. Necesidades de estima

Dentro de este nivel de la pirámide, Maslow reconoció dos tipos diferentes de necesidades de estima. La primera es la versión "inferior", que se relaciona con el deseo de sentirnos respetados por las personas que nos rodean. Esto abarca sentimientos de reconocimiento y prestigio, y una necesidad de estatus. La segunda versión de la estima es la necesidad "superior" del respeto a nosotros mismos.

LA GESTIÓN DE LAS VOLUNTADES

Esto se relaciona con sentimientos de independencia, libertad, confianza en uno mismo y en la propia capacidad de desempeñarse a un alto nivel. Vamos a admitirlo sin atenuantes: Decir que no nos importa lo que otros piensen es una gran tontería. A todos nos importa. Lo que no podemos dejar es que esto nos gobierne. Gustarles a otros se siente bien, y ser admirados es un poderoso estimulante. Lo que debemos cuidar es que no se transforme en una adicción, porque así estaríamos entrando en el terreno del narcisismo, y entonces el paso siguiente será usar a las personas solamente para nuestro placer, y esto trae muchos problemas además de una gran frustración.

5. Necesidades de autorrealización

El último nivel en la jerarquía de Maslow incluye las necesidades que él definió como aquellas que permiten el crecimiento personal. Es el nivel máximo que puede alcanzar una persona, e incluye el desarrollar todo su potencial, como así también el conseguir un sentido de significado, y esto tiene que ver con la trascendencia. Ahora bien, la forma en que cada uno vivencia o interpreta estas necesidades puede ser muy individual. Algunas personas aspiran a la riqueza o a la fama. Otras a una carrera creativa satisfactoria. Para algunos, estas necesidades giran en torno a su vida personal, mientras que otros se centran en sus ambiciones

INFLUENCIA

profesionales. Lo cierto es que todos queremos ser parte de algo importante, todos queremos hacer un aporte al mundo en que vivimos, y por eso comenzamos este libro hablando del instinto de trascendencia. Recuerda esto: Todas las personas en tu vida aspiran satisfacer esta necesidad (aunque no lo sepan), y el que puedas colaborar con que se conviertan en una realidad en sus vidas es también la cima de la influencia que tú puedes aportarle al mundo.

Por supuesto, las necesidades identificadas por Maslow se relacionan con el comportamiento humano en el sentido más amplio, y sin dudas podríamos asociar la búsqueda de un sentido de significado con nuestra necesidad de Dios, tal como describimos en el libro Oxígeno, y luego desde allí hacia abajo encontrar los parámetros bíblicos que se corresponden con la descripción y satisfacción de cada una de las necesidades humanas.

Aquí te dejo un esquema con la jerarquía de necesidades que propuso Maslow:

LA GESTIÓN DE LAS VOLUNTADES

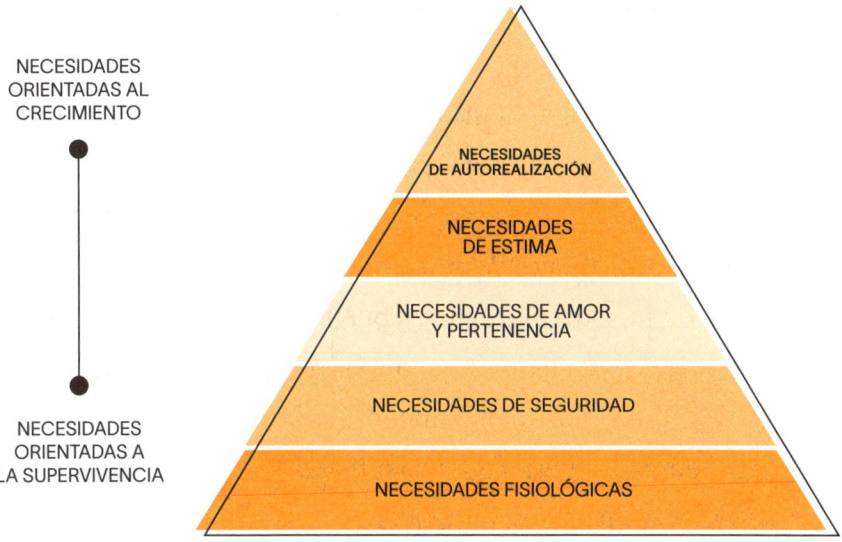

Recordemos que una persona no puede satisfacer la siguiente necesidad si no se encuentran satisfechas sus necesidades del nivel anterior. Por otra parte, cuando experimentamos la satisfacción de todas estas necesidades, aunque sea al menos por un instante, cantamos... Surgen en nosotros expresiones espontáneas de alegría que nos energizan y que cambian el ambiente dondequiera que estemos, y sea con quien sea que estemos. Es como si llegáramos a un "punto caramelo" que nos llena de ganas de vivir, ¡y es contagioso!

Por eso es clave tomar en cuenta estas necesidades tanto en el entorno laboral como en el familiar y el eclesiástico, y yo creo que sería fantástico hacerlo también en el educativo. Si nuestras escuelas y colegios fueran espacios que inspiran

INFLUENCIA

y facilitan el desarrollo, y no tan solo centros informativos, tendríamos sociedades más sanas y fuertes. Claro está que, a pesar de nuestros mejores esfuerzos, no siempre tendremos todas las herramientas necesarias para lograr hacer sentir satisfecha a cada persona, y menos que menos en un estado continuo. Pero siempre hay una parte que depende de nosotros. Lo que es bueno saber entonces es que algunos momentos especiales, algunos picos de realización y transcendencia, pueden compensar años de carencias en este sentido… pero nadie va a llegar a ellos sin antes experimentar amor y pertenencia.

El manejo del desacuerdo

En la práctica de la gestión de las voluntades surgen dos desafíos muy evidentes que todos debemos aprender a superar:

1. El desacuerdo

2. Las personas conflictivas

1. El desacuerdo

El desacuerdo es parte normal de la vida, y no hay manera de involucrarte en el liderazgo sin aprender a gestionarlo. El desacuerdo es, de hecho, parte normal del matrimonio, de la paternidad, del empleo, y también del liderazgo cristiano, ya que su expresión y manejo es crucial para la educación integral de las personas.

LA GESTIÓN DE LAS VOLUNTADES

Si nadie a tu alrededor se anima a expresar su desacuerdo sin temor... algo no está bien con tu liderazgo. Y además te estás perdiendo una gran ayuda, porque el que otros te puedan expresar su desacuerdo con libertad resulta también vital para la expansión de tu conocimiento y el fortalecimiento de tus opiniones, así como de las suyas.

Estar en desacuerdo en algo no es igual a estar en desacuerdo en todo, y cuando vamos a expresar una opinión distinta debemos identificar cómo vamos a hacer sentir a la persona, sin sucumbir a la tentación de darle la razón solo para que no haya conflicto.

Claro, hay un montón de discusiones que son intrascendentes o exclusivamente emocionales, y esas es mejor evitarlas. Por ejemplo, en las redes sociales muchas veces habrá quienes no estarán de acuerdo aunque digas lo mismo que ellos, y en estos casos es mejor evitar las discusiones, teniendo en claro que lo que te dicen en realidad tiene que ver con sus propias emociones y no contigo.

Cuando una persona no está entendiendo a la otra, es inteligente recordar lo que dice Proverbios 15:1-5:

"La respuesta amable calma el enojo, pero la respuesta grosera lo hace encenderse más.
De la lengua de los sabios brota conocimiento; de la boca de los necios necedades.

INFLUENCIA

> *Los ojos del SEÑOR miran por todas partes, y vigilan a los buenos y a los malos.*
>
> *La lengua que consuela es un árbol de vida, pero la lengua engañosa lastima el espíritu.*
>
> *El necio menosprecia la corrección de su padre; el que la toma en cuenta demuestra inteligencia."*

Ten cuidado con las opiniones monolíticas y siempre binarias. Es cierto, los cristianos somos binarios en lo que hace a distintos aspectos de la realidad, ya que seguimos una fuente objetiva superior a nuestros criterios. Pero eso no significa que lo seamos en todo, ya que hay aspectos de la vida que son relativos a los contextos y situaciones. Debemos tener opiniones solidas cuando se trata de convicciones arraigadas en la Palabra de Dios, pero al mismo tiempo debemos ser personas que saben cambiar de opinión cuando estamos, por ejemplo, en el terreno de los gustos.

Siempre debemos revisar nuestras fuentes y, a la vez, hablar con humildad, sin demonizar al otro, y otorgándole el beneficio de la duda en cuanto a sus intenciones. Si tu fuente es "me lo contaron" o "lo vi en una red social", hazte un favor y no lo repitas como si estuvieras afirmando una realidad científica, y mucho menos bíblica.

Y recuerda que no hace falta que des tu opinión sobre cada

LA GESTIÓN DE LAS VOLUNTADES

cosa. Proverbios 17:28 dice: *"Hasta un necio pasa por sabio si guarda silencio; se le considera prudente si cierra la boca"*.

Seamos también más prudentes al opinar sobre partidos políticos o al hablar de otros grupos eclesiásticos. A mí me inquieta cuando los cristianos vemos "todo bien" o "todo mal" en un gobierno o en un partido político, porque nuestra agenda no puede ser partidista, y porque además nunca puede estar "todo bien" en lo que haga un grupo humano, ya que somos imperfectos por naturaleza.

Creo que tenemos que aplaudir lo bueno y aborrecer lo malo de cualquier gobierno, ya que en el momento en que un gobernante nos vea como enemigos o como aliados, independientemente de lo que haga, habremos perdido nuestro rol profético.

Es cierto que los cristianos verdaderos debemos oponernos al aborto y a la promiscuidad sexual, así como también al materialismo, al individualismo, al racismo, al egocentrismo, y a la desprotección de los más vulnerables. Por eso no podemos responder monolíticamente a un partido político, y entendemos que hay espacio para la discusión de las leyes y la administración de los impuestos.

En cuanto a la Iglesia y a nuestros hermanos, seamos más lentos y menos incendiarios con nuestras opiniones. El maestro Pablo nos dejó una gran advertencia en Romanos 14:19:

INFLUENCIA

"Por tanto, hagamos todo lo que sea posible para contribuir a la armonía en la iglesia y a la edificación mutua".

2. Las personas conflictivas

Cuando leemos con el cerebro encendido los primeros capítulos de Romanos, se hace absolutamente evidente que la opinión bíblica es que todos los seres humanos somos conflictivos. Además, esto se ve agravado por el hecho de que muchas veces nos encontraremos involucrados en conflictos que nosotros no causamos, e igual afectan lo que sentimos y lo que debemos hacer o decir. Cuando estas situaciones llegan, debemos mantener la calma y hacer lo que es mejor para los individuos y también para el colectivo que estemos administrando.

En algunas ocasiones eso involucrará un conflicto extra, como puede ser el tener que corregir a un familiar o a un colega, o despedir a alguien en nuestra organización. Pero incluso despedir a alguien puede ser hecho por el bien de la persona en conflicto, a la vez que resulta lo más conveniente para la organización.

Lo cierto es que si alguien no está siendo productivo en el lugar que ocupa, no solo está perjudicando al resto del equipo sino que esa persona se está perjudicando también a sí misma. Claro que debemos pedirle que nos cuente su lado de la historia, y ser sensibles y pacientes entendiendo que debe haber una razón detrás de su comportamiento, la cual deberemos discernir con empatía para luego decidir si lo mejor para esa persona es continuar en su posición de improductividad, o si necesita una nueva situación en la cual pueda hacer el aporte que esta persona es capaz de hacer.

El "no meterse" no es amor ni buen liderazgo. Los conflictos no se disipan solos. Y aunque el "seré amable" es un compromiso que hemos tomado quienes seguimos a Cristo, el "no haré nada que ponga en peligro tu buena opinión sobre mí" es algo distinto, y es renunciar a la verdad y al buen liderazgo, ya que la influencia positiva no es un concurso de popularidad.

> **LA INFLUENCIA POSITIVA NO ES UN CONCURSO DE POPULARIDAD.**

Hábitos de desinteligencia relacional

Marshall Goldsmith ha sido por muchos años uno de los pensadores de negocios de mayor influencia, y en su libro *What Got You Here Won't Get You There* (Lo que te trajo hasta aquí no te llevará hasta allá) él identifica veinte malos hábitos que entorpecen la buena gestión de las voluntades. A continuación te los cuento con mis palabras:

1. Obsesionarte con ganar. Hay una diferencia crucial entre *desear* ganar y *tener* que ganar. Competir y hacer todo lo necesario para ganar es una cosa, pero no soportar cuando uno no gana genera actitudes de perdedor.

INFLUENCIA

2. Sobrevalorar tu opinión. La mismísima Biblia aconseja no ser sabios en nuestra propia opinión (Proverbios 3:7). Tu opinión vale, y las de los demás también (aunque eso no signifique que todas las opiniones son igual de válidas, como la sociedad pop ha tratado de adoctrinarnos a pensar en los últimos años). Mis opiniones sobre golf, o sobre álgebra y cálculo, por ejemplo, no valen de nada, sencillamente porque yo no sé nada de esas cosas. Pero si alguien es parte de tu equipo, siempre es aconsejable conocer su opinión, y también es importante lo que le haces sentir a la persona al escucharla. Además, los otros miembros del equipo estarán aprendiendo cómo vas a reaccionar cuando te den la suya.

3. Ver todo como una competencia. La vida es un regalo, y que alguien gane algo no significa que otro deba perder. La mentalidad de competencia y ventaja tiende a confundir nuestras motivaciones, y nos empuja a usar a las personas en lugar de amarlas.

4. Criticar por el placer de criticar. Una cosa es ser exigentes, y otra cosa distinta es tener el hábito de buscar errores sin destacar nunca lo que es bueno. Lo ideal es identificar los errores cuando podemos mejorarlos, o al menos establecer un proceso de mejoras para la siguiente ocasión en que se haga algo similar, pero recuerda que corregir a las personas siempre se debe hacer en privado (Mateo 18:15).

LA GESTIÓN DE LAS VOLUNTADES

5. No interpretar bien los tiempos adecuados para corregir. La corrección es necesaria, y puede que tengamos las mejores intenciones al querer aconsejar a alguien, pero no siempre el mejor momento para la corrección es tan pronto como fue cometido el error.

6. Publicitar cuán inteligente te crees. El que seas inteligente debe servir para que ayudes a los demás a ser mejores. El que lo publicites provocará que los demás quieran demostrar que en realidad no eres tan inteligente. *"Deja que sean otros los que te alaben; no te alabes tú mismo"*, dice Proverbios 27:2.

7. Hablar cuando estás enojado. Cuando estés fuera de tus casillas, no hables ni respondas. Ni en vivo, ni por teléfono, ni en versión digital. Mejor espera a que se te vaya el enojo.

8. Esperar siempre lo peor. Las personas pesimistas desalientan, y por esa razón el resto de las personas tarde o temprano se cansan y se alejan de ellas.

9. Guardarte información. El que comparte, invierte. La persona que, pudiendo ayudar a otro, no lo hace por reservarse una ventaja, está sembrando futuras intrigas en vez de futura colaboración.

10. Guardarte el reconocimiento que deberías darle a otros. En la cultura hispana tenemos este prejuicio negativo de que el reconocimiento puede inflar el ego de las personas. Sin

INFLUENCIA

embargo, en la práctica, quien se siente reconocido tiene menos necesidad de hacer cosas para llamar la atención.

11. Robarte el crédito de otros. No tengas miedo de que otros brillen. Incluso cuando sepas que hay mérito tuyo en un logro, siempre ocúpate de resaltar el trabajo de los demás.

12. Tener excusas para todo. Quien se excusa se acusa. Los mejores líderes saben reconocer cuando se equivocan, y aceptan su responsabilidad sin echar culpas a otros.

13. Retener el pasado con rencor. Aferrarse al pasado suele esconder una falta de fe. Falta de fe en Dios, falta de fe en nosotros mismos, y falta de fe en otros. En Filipenses 3.13 el apóstol Pablo decía: *"...sigo adelante trabajando, me olvido de lo que quedó atrás y me esfuerzo por alcanzar lo que está adelante"*.

14. Jugar a los favoritos. Uno de los vicios más comunes entre los peores líderes es cambiar totalmente su escala de valores según con quién están. Esta inconsistencia del carácter no solo lastima a sus liderados, sino también a los mismos líderes, quienes nunca logran ser lo suficientemente confiables como para ampliar su círculo de influencia.

15. No pedir perdón. Uno de los hábitos más abiertamente condenados en la Biblia es no reconocer cuando estamos equivocados y, sobre todo, no pedir perdón. Este hábito revela egolatría e inseguridad.

LA GESTIÓN DE LAS VOLUNTADES

16. No escuchar. Este hábito delata a gritos un completo desinterés por las realidades de otros. Mi amigo Sergio Valerga escribió en el libro *La iglesia relacional* que ser escuchados es la expresión que mejor interpretamos como ser amados.

17. No agradecer. El agradecimiento es una señal de buenos modales y, además, de buenos instintos para los negocios. Quien no se sienta compensado con mis muestras de aprecio, nunca más va a querer ayudarme. Debemos mostrarnos agradecidos incluso con aquellos que apenas merezcan nuestro agradecimiento. Decir *"gracias"* es dar gracia. Y cultivar el hábito de hacerlo catapulta nuestras posibilidades de influir positivamente en otros.

18. Castigar al mensajero. A nadie le gusta que le den malas noticias, pero usualmente las personas que nos dan esas noticias son las que más nos aman. Lo triste es que es precisamente con esas personas con quienes nos sentimos más seguros de dar rienda suelta a nuestras emociones, y por eso las tratamos injustamente mal cuando lo único que hicieron fue decirnos la verdad o intentar ayudarnos. En el ámbito laboral, cuando un jefe se enoja con un empleado por contarle que algo salió mal, está dándoles el mensaje al resto de los miembros de su equipo de que no es conveniente decirle la verdad.

INFLUENCIA

19. Culpar a otros. Este es un hábito similar al de dar excusas, solo que apuntando esas excusas directamente hacia otras personas.

20. Conformarte con pensar "*Yo soy así*". Este hábito está en completa oposición con las ideas fundamentales de este libro, y es quizás la señal más evidente de que alguien se ha rendido a la mediocridad de vivir por debajo de sus posibilidades.

Quiero confesar que muchos de estos hábitos han sido y todavía son luchas en mi vida. Sin embargo, puedo dar testimonio de que con visión, fe, rendición a Dios y disciplina, pueden superarse.

Tu influencia más importante cobrará forma en las personas con las que te relaciones de cerca, y no en las que puedan llegar a admirarte desde lejos. Si todavía no te concentraste en ser alguien que haga jugar mejor a otros, déjame asegurarte que hay muy pocas sensaciones más satisfactorias que esa.

8

TEOLOGÍA DE LA IMAGINACIÓN

TEOLOGÍA DE LA IMAGINACIÓN

En el ámbito del liderazgo contemporáneo se habla cada vez más acerca de cuán crucial es el uso de la imaginación en la gestión de una gran iniciativa. Sin embargo, en el ethos cristiano no muchos relacionan el uso de la imaginación con el texto bíblico, y menos que menos tienen una base teológica como para abrazar el valor de la imaginación y la creatividad y desarrollarlas para hacer una mayordomía sabia y audaz de su influencia a partir de allí.

Aunque todos lo sospechamos, no demasiadas personas pueden articular una explicación de por qué el ejercicio de la imaginación y la influencia hacen simbiosis, y todavía menos sobre cuál es su relación con las expectativas de Dios. Por eso es que considero de crucial importancia que

INFLUENCIA

nos dediquemos a conectar estas realidades para curar y reproducir nuestra influencia.

La acción divina de imaginar creativamente

La verdad concreta es que en muchos sectores de la iglesia en los que se aprecia el hablar de "la sana doctrina", la creatividad no aparece en los mensajes. Y en los otros sectores, en los que se prioriza el avance pragmático del evangelio para llegar al no cristiano, se habla mucho de la creatividad pero sin contar con la revelación bíblica como punto de partida. Personalmente creo que debemos solucionar esta brecha desenmarañando por qué la creatividad, como fruto del regalo de la imaginación, es un valor escritural.

Volvamos al diálogo plural que encontramos en Génesis 1:26-28:

> "Entonces Dios dijo: 'Hagamos a los seres humanos a nuestra imagen, a nuestra semejanza, para que ejerzan poder sobre los peces, las aves, los animales domésticos y salvajes, y sobre los reptiles'.
> De modo que Dios creó a los seres humanos a su imagen. Sí, a su imagen Dios los creó. Y Dios los creó hombre y mujer.
> Luego Dios los bendijo y les dijo: 'Tengan muchos hijos, para que llenen toda la tierra, y la administren...'".

TEOLOGÍA DE LA IMAGINACIÓN

Administrar la tierra es algo no se puede hacer sin usar nuestra imaginación creativamente. Podemos ver, entonces, que usar la imaginación y la capacidad creativa es parte natural de nuestra caja de herramientas desde el principio de la historia, porque no hay manera de satisfacer esta expectativa divina sin ellas. En otras palabras, somos menos humanos, menos a imagen y semejanza de Dios, cuando no usamos nuestra imaginación para crear soluciones y posibilidades que beneficien a la creación de Dios y lo exalten a Él. Por eso es tan importante que, sea cual sea tu autodiagnóstico respecto de si eres una persona creativa o no, te comprometas con el uso de tu imaginación con tanta pasión como cuando en tu niñez hiciste tus primeros dibujos.

El uso de la imaginación para ser creativos es parte del *imago Dei* (la imagen de Dios), y es una capacidad que Dios puso en nosotros con intencionalidad.

En el capítulo 2 de Génesis, Dios fue muy específico con Adán en cuanto al uso de su imaginación. Cuando le encargó que pusiera nombre a los animales no solo le estaba dando un ejercicio para su creatividad, sino que le estaba concediendo una posición de influencia, ya que ponerle nombre a alguien o a algo es un ejercicio de autoridad también.

INFLUENCIA

Realmente creo que es bastante sugerente que la primera consigna práctica que Dios le dio al ser humano haya sido que usara su imaginación. De hecho, el primer verbo usado en la Biblia en referencia a Dios es que Él *creó*, y la primera acción realizada por Adán fue usar su *imaginación* dándoles nombre a los animales, así que allí, de entrada, tenemos una relación inmediata entre la imaginación de Dios y la nuestra que no podemos perder de vista.

Evidentemente nuestra imaginación no es un tema periférico para Dios, y tampoco debe serlo para nosotros. No es patrimonio exclusivo de los *cool*, de los artistas, de los jóvenes, los genios o los rebeldes, ni es para nada cosa de niños. El uso de nuestra imaginación como capacidad creativa está arraigado en las Sagradas Escrituras desde el Génesis, y es un tema misional que se entrelaza con cada tarea que llevamos a cabo los cristianos para hacer avanzar el Reino de Dios en la tierra. Te lo digo de manera más directa: Sin usar la imaginación es imposible ser obedientes a lo que Dios puso en nuestras manos para hacer.

La imaginación es crucial para la contextualización fiel y eficaz del evangelio, y digo "fiel y eficaz", y no solo "la contextualización", porque no soy de los que afirman que existen iglesias y un evangelio no contextualizado. Tanto las iglesias como el evangelio están siempre contextualizados. Lo que sucede muy a menudo es que no están contextualizados con precisión en el tiempo y el lugar correctos. Por no usar la imaginación lo suficiente, demasiado seguido están contextualizados con retraso, y con un problema geográfico. Es decir, hacemos las cosas como las hicieron nuestros antepasados, o las hacemos copiando lo que sucede en otro lugar geográfico que tiene otra cultura, otras posibilidades y otras necesidades. *¿Nunca te pusiste a pensar cuán extraño es que las iglesias en Asia, Europa, África y América sean tan iguales entre sí, desde lo edilicio hasta lo litúrgico, siendo que desde pentecostés no tenemos lineamientos respecto de cómo construir templos o de cómo debe ser el programa de las reuniones?*

La purificación y el desarrollo de la imaginación

Los cristianos consideramos que la Biblia es nuestra fuente objetiva y superior de autoridad, la "Carta Magna" para la convivencia social, y nuestra fuente más confiable de dirección. Sin embargo, al estudiarla en profundidad es relativamente fácil toparse con dos hallazgos vitales que demasiadas veces perdemos de vista. El primero y un poco más reconocido, es que Dios quiere que purifiquemos nuestra imaginación (Salmos 139:23-24, 2 Corintios 10:5-7, Filipenses 4:8). El segundo, y el más ignorado en

INFLUENCIA

demasiados círculos, es que Dios deliberadamente nos otorgó libertad creativa para ampliar su influencia puesta en nosotros (Génesis 2:19-20, Mateo 28:16-20).

Así como Dios lo hizo con Adán en Génesis, Jesús lo hizo con sus discípulos justo antes de ascender al cielo, al encargarles que alcancen a las naciones haciendo más discípulos. Él no les dio instrucciones que tuvieran que ver con programas de reuniones. *¿Por qué?* Porque nuestra influencia aumenta cuando santificamos nuestra imaginación poniéndola al servicio de Dios, y decrece cuando no lo hacemos.

La Biblia tiene principios atemporales, y es nuestra tarea ponerlos a funcionar en un lugar y un tiempo determinados, pero para eso necesitamos poner a trabajar nuestra imaginación y desintoxicarla de aquello que la distrae y la corrompe. Ese es, de hecho, el resultado práctico que produce el pecado, y por eso debemos ser buenos mayordomos de nuestra imaginación. Cuando se alimenta de pecados, nuestra mente se nubla con pensamientos oscuros que drenan la fe de nuestras vidas. Esos pensamientos oscuros nos empujan a vivir sin margen para maniobrar, y hacen que nos falte el oxígeno con el que recreamos vida, y entonces las buenas obras para las que Dios nos escogió de antemano (como leímos en Efesios 2:10) quedan pendientes. Por eso es vital santificar y activar intencionalmente el uso de nuestra imaginación.

Cuando somos niños, los muñecos "juegan con nosotros", las ollas y las cucharas son instrumentos, las escobas son caballos, y no puedo dejar de mencionar el recuerdo de una gran caja de cartón que se convirtió en una nave espacial y fue uno de los juguetes favoritos de mis hijos en su infancia. *¿Por qué perdemos eso?* Porque la sociedad quiere domesticarnos a pensar que la imaginación es cosa de niños, la religión nos sugiere que es peligrosa, y Satanás tiene temor de que la uses para la extensión del Reino de Dios a través de tu influencia.

Distintas pornografías

Desde que, gracias a los avances de la tecnología, tenemos la posibilidad de leer los movimientos neuronales en tiempo real, sabemos que la pornografía tiene consecuencias negativas y hasta severas en el cerebro. Este hallazgo científico no tiene un enlace directo con los parámetros morales del cristianismo, ya que no se basa en que desde la cosmovisión cristiana la pornografía celebra el desorden sexual, la fornicación o el adulterio. Lo que los escáneres revelan es que independientemente de nuestras percepciones morales, el aumento de neuroquímicos y hormonas liberados cuando alguien mira pornografía tiene efectos negativos tangibles en el cerebro, y que al crear la adicción

INFLUENCIA

disminuyen la productividad humana, el placer relacional y, paradójicamente, también el sexual.

La neuropsiquiatra Valerie Voon de la Universidad de Cambridge explica que los cerebros de los consumidores habituales de pornografía presentan una notable similitud con los cerebros de los alcohólicos. Una estructura cerebral llamada "cuerpo estriado ventral" desempeña un papel importante en el sistema de recompensa del cerebro, lo cual se conoce como "las vías del placer", y el Dr. William Struthers, autor de *Wired for Intimacy* (Cableados para la intimidad), hace sonar una alarma similar, al explicar que la adicción a la pornografía en realidad debilita la región de nuestro cerebro conocida como corteza cingulada, que es la región responsable de la toma de decisiones morales y éticas y de la fuerza de voluntad. En otras palabras, no es por una cuestión simplemente de moralidad que la pornografía es peligrosa, sino que hay hallazgos científicos concretos que corroboran que los parámetros de Dios son para nuestra salud y para nuestra realización integral, y no para limitarnos.

Lo que no muchos sospechan es que de manera similar a la pornografía sexual, hay otros hábitos contemporáneos que cautivan nuestra imaginación y la corrompen. Por ejemplo, la ingesta continua de malas noticias a través de distintos

TEOLOGÍA DE LA IMAGINACIÓN

medios. Los canales de noticias de hace unas décadas intentaban ser neutrales, y además las noticias venían en papel o podíamos encontrarlas en la televisión o en la radio tan solo en determinadas horas del día. Hoy, en cambio, los canales y los sitios de noticias funcionan las 24 horas, y lo hacen además con narrativas prefijadas que muchas veces no solo son parte de alguna ideología o filosofía política sino de una estrategia de mercado. *¿Y por qué tantas malas noticias?* Primero, porque como nunca antes en la historia, hoy gracias a los avances tecnológicos es posible enterarse al instante de cada catástrofe, asesinato, contagio o protesta que suceda en cualquier rincón del globo terráqueo.

Segundo, porque esta avalancha permanente de malas noticias, además de provocarnos temor y ansiedad, tiene el poder de generar en nosotros la misma adicción y todo el paquete de efectos que produce la pornografía, deteriorando así nuestra capacidad de ser productivos, de relacionarnos, y de sentir placer.

En muchos de nuestros países hay gente, en especial gente mayor, literalmente envenenada por mirar cada día durante horas un canal informativo que habla permanentemente mal del partido opositor al suyo. Esta gente escucha todo el día la misma narrativa, y llega así a convencerse de que las personas del otro partido no solo tienen otra visión de la realidad, sino que son intencionalmente malas y corruptas,

INFLUENCIA

y quieren destruir a su país. Claro que no estoy queriendo decir que no haya casos así, pero la sabiduría bíblica deja en claro que la maldad humana está presente en todos los partidos políticos y nunca habrá una asociación humana que sea perfecta porque las personas no somos perfectas. Por eso los cristianos deberíamos aprender a ver lo bueno y lo malo de cada partido o grupo social, para no perder nuestra capacidad de hablarles desde la verdad superior de Dios.

Esto ha empeorado también gracias a los algoritmos de las redes sociales que producen "cajas de eco", lo cual afecta en mayor medida a las nuevas generaciones. Luego de que miras un video, un algoritmo de inteligencia artificial comienza a mostrarte otros videos relacionados con ese, y una vez que has vuelto y vuelto a mirar varios videos sobre un mismo tema, tu pantalla comenzará a ofrecerte obsesivamente más de lo mismo las 24 horas, los 7 días de la semana, los 365 días del año. Esto limita grandemente tus posibilidades de "salir de esa caja" para ver o aprender algo diferente, y además distorsiona tus opiniones con ese "eco" que te hace parecer que todo el mundo está consumiendo lo mismo que tú. Lamentablemente, incluso si lo que ves es bueno puede resultar peligroso, ya que logrará entretenerte hasta consumir todo tu tiempo, y llevarte al terreno de las comparaciones ingenuas que te roban el ímpetu del desarrollo de tu influencia.

¿Cómo podemos protegernos de todas estas clases de pornografía? Haciéndole caso a Pablo cuando en 2 Corintios 10:5 dice que llevemos cautivo todo pensamiento para que obedezca a Cristo, y cuando en Filipenses 4:8 nos anima a que pensemos en lo justo, lo puro y lo amable.

El secreto del Renacimiento

La persona más influyente del Renacimiento no fue, como uno tendería a pensar, un artista. Definitivamente era alguien que apreciaba el arte, e incluso practicó la poesía, sin embargo su gran influencia derivó de su imaginación como inversionista. Lorenzo de Medici era un emprendedor, y sin él no se hubieran dado las condiciones ideales para el surgimiento de Botticelli, Michelangelo, o Leonardo da Vinci.

La influencia de Lorenzo catapultó a la ciudad de Florencia como el epicentro del Renacimiento, época que hasta el día de hoy es celebrada como el periodo de la historia humana en el que las más grandiosas obras de arte fueron creadas.

Lorenzo consideraba que todos necesitamos belleza, ya que es el perfume del placer humano. Y aunque tal vez le hubiera gustado dedicarse al arte, desde muy joven entendió que sus capacidades más notorias eran otras... y en vez de frustrase,

INFLUENCIA

decidió ayudar a personas más talentosas que él.

Si hoy visitas la *Galleria dell'Accademia di Firenze* (Galería de la Academia de Florencia), te encontrarás con la descomunal estatua conocida como "el David" de Miguel Ángel (que en persona es mucho más grande de lo que uno imagina), y a pocas cuadras de allí podrás ver el palacio Medici, donde vivía Lorenzo, y la galería que puso delante para que todos los habitantes de Florencia pudieran ser inspirados por las obras que él patrocinaba.

Lorenzo de Medici supo emplear su influencia para que docenas de artistas mejores que él pudieran desarrollar su arte. Al pasear por la ciudad de Florencia, es difícil no pensar que necesitamos más Lorenzos... Más líderes que sepan destacarse por hacer que *otros* brillen. Necesitamos más hombres y mujeres que sepan imaginar el éxito de otros, y se comprometan a desarrollar belleza a su alrededor para perfumar vidas.

El secreto del Renacimiento fue que detrás de los escultores y pintores que hoy todos conocemos y admiramos, hubo emprendedores como Lorenzo que usaron su imaginación, su influencia, y su fortuna para que otras personas pudieran expandir su potencial y regalarle al mundo los frutos de sus capacidades.

Seth Godin, uno de los principales autores de *best sellers*

TEOLOGÍA DE LA IMAGINACIÓN

sobre mercadeo en el mundo, quien suele escribir sobre la revolución postindustrial y la forma en que se difunden las ideas, respondió en una entrevista con *Thought Economics* (Economía del pensamiento) acerca de lo que nos detiene y nos impide ser más creativos:

"Ojalá no nos subvaloráramos tanto. Cada vez que decimos que alguien más es creativo porque puede escribir obras de teatro, canciones, o hacer arte, ignoramos nuestro propio arte y perdemos nuestra influencia. Cada vez que decimos que no tenemos talentos nos estamos quedando cortos, nos escondemos y no nos damos cuenta de las posibilidades que tenemos.

Usar la imaginación es bastante simple. Es hacer algo humano, algo generoso, algo que tal vez no funcione. Tiene que ser las tres cosas. Hay empleados contables, políticos, amas de casa, e ingenieros creativos... ¡ser creativo es resolver problemas interesantes y que no te importe cuál es el rol que juegas ni quién se lleva el mayor crédito!

Las habilidades creativas no son algo con lo que se nace. Nadie nace con la capacidad de hablar en una oración completa o de presentarse y resolver problemas de una manera que nos hace alegrar de que hayan aparecido... nacemos desnudos y con miedo... aprendemos habilidades porque hay trabajo que hacer, y en el pasado, cuando la

INFLUENCIA

gente se ganaba la vida levantando objetos pesados, no era apropiado quejarse del hecho de que resulta difícil levantar objetos pesados; ese era tu trabajo. Bueno, ahora nuestro trabajo es presentarnos y resolver problemas interesantes, y eso requiere práctica".

Mis amigos Paolo y Karen Lacota de Paraguay, publicaron un libro con e625.com llamado *Imaginería* en el que comparten distintas herramientas que desatan la ingeniería de nuestra imaginación. En él exploran el *"Story Board"* y el *"Story Telling"*, que son posibilidades maravillosas para organizar ideas y ganar claridad de pensamiento en nuestros planes y decisiones.

La vida siempre se organiza en historias, y por eso cada proyecto debe contener una para facilitar su comunicación y que otras personas se quieran sumar. El punto es este: La historia de Dios y la tuya se entrelazan en un plan para contrarrestar la oscuridad y facilitar belleza.

Dios te dio la virtud de la imaginación, y en tu mente hay una gran capacidad creativa puesta allí por Dios para aumentar tu influencia y colaborar con su obra de redención.

La imaginación es un músculo que se desempeña mejor con la práctica, y la creatividad es un resultado que se mejora con esfuerzo. La creatividad no es sinónimo de

TEOLOGÍA DE LA IMAGINACIÓN

improvisación, sino el fruto de la repetición intencional de una imaginación comprometida.

La creatividad es vital para el cumplimiento de la misión de la Iglesia y para la expansión de nuestra influencia, y no podemos limitar a Dios a nuestra acotada jerga y a nuestros parámetros heredados. No podemos atomizar nuestra fe en rutinas cúlticas por apegos a costumbres y doctrinas que no sanan. Si queremos experimentar lo divino debemos abrir nuestra mente para imaginar a Dios activo en nuestras vidas, guiándonos a una mayor influencia por amor de su nombre.

El gran "Yo Soy" está siempre intentando despertar la imaginación de sus hijos. Él te ha estado invitando a hacer cosas que quizás pospusiste por considerarlas infantiles o poco realistas, y por eso es urgente que la imaginación que Dios te ha dado sea revivida y desbloqueada para que puedas ver más allá de tu alcance actual. Hay espacios a los que no podremos llegar a menos que mantengamos nuestros pensamientos cautivos en Cristo, creamos como niños, y desafiemos con furia las leyes mediocres de la inercia, la costumbre y la comodidad.

Medita en serio en lo que dice Hebreos 11:6.

Sin fe es imposible agradar a Dios.

Nuestra imaginación no es un tema periférico para Dios, y tampoco debe serlo para nosotros.

El uso de nuestra imaginación como capacidad creativa está arraigado en las Sagradas Escrituras.

Nuestra influencia aumenta cuando santificamos nuestra imaginación poniéndola al servicio de Dios.

Necesitamos más hombres y mujeres que sepan imaginar el éxito de otros, y se comprometan a desarrollar belleza a su alrededor.

La historia de Dios y la tuya se entrelazan en un plan para contrarrestar la oscuridad y facilitar belleza.

Si queremos experimentar lo divino debemos abrir nuestra mente para imaginar a Dios activo en nuestras vidas.

9

TU *OIKOS*

TU OIKOS

En la antigua Grecia había un término para referirse a "casa" que no se limitaba al lugar donde alguien pasaba sus noches, sino que incluía al conjunto de bienes y personas que estaban bajo su cuidado. El término era *"oikos"*, y en la compresión de la época un *oikos* incluía a la familia, los servidores y las posesiones materiales. El plan de todos era fortalecer su *oikos* prestando especial cuidado a las relaciones familiares, que se reconocían como la principal fuente de riqueza, avance y bienestar.

El *oikos* funcionaba como una unidad económica y social. Era el centro alrededor del cual estaba organizada la vida, y con el cual no solo se satisfacían las necesidades materiales,

INFLUENCIA

incluyendo la seguridad, sino también las normas y los valores éticos, las relaciones sociales, y las religiosas. Sin duda este concepto tuvo algo que ver en la descripción del momento de expansión de la iglesia primitiva en Hechos 2.

Aristóteles describió un *oikos* como una "comunidad constituida naturalmente para la satisfacción de las necesidades comunes", y en esa época nadie dudaba que todo individuo necesitaba un *oikos* para sobrevivir y también prosperar.

Hoy, muy lejos de aquella Grecia antigua, estamos todavía recuperándonos del rapaz individualismo cultural del siglo pasado, individualismo que se coló en nuestros inconscientes para convencernos de que es posible prosperar de manera integral sin la ayuda de nadie, compitiendo con todos, y descuidado las relaciones familiares con tal de tener carreras exitosas.

Según el filólogo Carlos García Gual, el concepto de *oikos* había sido la piedra angular del periodo de oro de la Atenas del siglo V antes de Cristo, y según varios historiadores este concepto se fue perdiendo a medida que las ciudades crecían, las familias se mezclaban, y los intereses de la polis iban robándose la idea de lo vital que resultaba un *oikos*.

Mi casa

Mientras escribía la trilogía de la que este libro es parte, con mi familia nuclear cambiamos nuestro código postal de Estados Unidos a Argentina. *Margen* y *Oxígeno* los escribí en su mayoría viviendo en Texas, pero este tercer libro fue escrito mayoritariamente desde Buenos Aires, lugar a donde regresé a ubicar mi hogar luego de 26 años de tenerlo en los Estados Unidos. Valeria y yo vivimos prácticamente toda nuestra vida adulta en California, Florida y Texas. Nuestros hijos son "floridianos" e iniciaron su adolescencia en el norte de Dallas hasta que decidimos mudarnos a Argentina. Te podrás imaginar que fue un gran desafío y una gran aventura para nuestros dos adolescentes norteamericanos ya que, aunque sabían hablar español, su primer idioma era el inglés.

¿Por qué lo hicimos? Por honrar a nuestros padres mayores, que necesitaban nuestro cuidado, y a la vez facilitar que nuestros hijos tuvieran un mayor acercamiento a la familia y la riqueza de una experiencia transcultural. En otras palabras, por priorizar nuestro *oikos*.

En un sentido puramente práctico, la movida no era conveniente para mí. Buenos Aires es una ciudad magnífica, pero volar desde Buenos Aires al resto del mundo como lo demanda nuestro ministerio es mucho más cansador y

INFLUENCIA

costoso que hacerlo desde las ciudades que son *"hubs"* (centros de conexiones) de aerolíneas de Estados Unidos, como Dallas o Miami, y que tienen vuelos directos y frecuentes a todas las capitales. Nuestras responsabilidades económicas dependen de mi presencia en varios proyectos en los Estados Unidos, así que no puedo evadir el seguir pasando tiempo en América del Norte, pero estábamos convencidos de que, aunque no fuera conveniente para mí, mudarnos a Argentina era lo mejor para nuestro *oikos*, ¡y ya podemos decir que tomar esta decisión ha significado una gran alegría para nuestra casa!

Nuestra familia es nuestro equipo, y es mucho más difícil estar felices y entusiasmados con la vida cuando hay conflictos familiares, aunque seamos exitosos en otros rubros. De hecho, luego de hablar con destacadísimos líderes de distintos ámbitos, me animaría a decir que no hay ninguna manera vivificante de vivir si no hay armonía en nuestras relaciones familiares nucleares. Un ejemplo de esta verdad me lo confirmó Bubba Cathy, que es miembro de la familia dueña de la cadena de restaurantes Chick-fil-A, y con quien tuve la oportunidad de compartir varios encuentros de discusión en favor de la salud mental de los pastores. Bubba y su familia son billonarios (sí, con b), y han sido un excelente testimonio ante el mundo corporativo de los Estados Unidos de que es posible hacer mucho dinero generando empleo y a la vez cuidando a la familia, incluso no abriendo los domingos para que los empleados no falten a sus iglesias, y pagándoles esas horas si sirven a sus comunidades.

La primera vez que vi a Bubba en Atlanta, le conté que en esa época yo iba todos los martes con mi hija Sophie a comer a Chick-fil-A al salir de su escuela. Mientras le estaba contando esto, una señora se me acercó y se arrodilló a atarme un zapato. Yo la miré sorprendido por el gesto, y mi sorpresa creció cuando Bubba me la presentó diciendo que era Cindy, su esposa. A pesar de sus múltiples responsabilidades con miles de empleados, ellos comenzaron un ministerio para realizar retiros matrimoniales que ha ayudado a miles de parejas, y luego abrieron centros de campamentos y retiros especialmente centrados en las familias, todo porque consideran que no es posible vivir vidas completas con familias en ruinas.

> **NUESTRA FAMILIA ES NUESTRO EQUIPO, Y ES MUCHO MÁS DIFÍCIL ESTAR FELICES Y ENTUSIASMADOS CON LA VIDA CUANDO HAY CONFLICTOS FAMILIARES.**

Quizás al leer esto estés pensando en los errores de

INFLUENCIA

tus padres o en tus propios desaciertos del pasado. La realidad es que una familia no depende de una sola persona, y en seguida analizaremos mejor lo que esto implica, pero el futuro que todos deseamos demanda que, independientemente del pasado, decidamos con astucia ser intencionales y estratégicos en fortalecer nuestras familias ahora.

Tristemente, ese individualismo que erosionó la idea de *oikos* en la antigua Grecia sigue activo hoy, diciéndole al oído a miles de hombres y mujeres que su prioridad debe ser su empleo, su éxito personal, la marca de la ropa que visten, o la cantidad de seguidores que tienen en las redes sociales.

Es una trampa.

Tarde o temprano nos daremos cuenta de que las relaciones "parasociales", creadas desde y para las apariencias, son niebla. Las de la familia, en cambio, son las que te hacen ir a la cama con una sonrisa (o las que no te dejan dormir) cada noche de tu vida.

Las familias perfectas y sin problemas, conflictos, discusiones y temporadas complicadas, no existen. Sencillamente porque las familias están hechas de personas. Sin embargo, no podremos ejercer nuestra mejor influencia en el mundo si no le damos energía a nuestra *oikos*.

Tu familia

Al inicio del libro ya dejamos claro que el foco de estas páginas no es ampliar nuestra popularidad, sino curar la influencia que ya tenemos y multiplicar la influencia de Jesús en otras personas a través de nuestras vidas. Todas estas cosas siempre tendrán su base en casa. No por una cuestión de responsabilidad solamente, aunque lo sea, sino porque sería un autoengaño creer que podemos ser nuestra mejor versión sin tener integridad en nuestro *oikos*. Es literalmente una tragedia cuando alguien es admirado por desconocidos y aborrecido, o simplemente soportado, por los seres más cercanos. No hay manera de sentirnos bien con nosotros mismos así.

> **ES UNA TRAGEDIA CUANDO ALGUIEN ES ADMIRADO POR DESCONOCIDOS Y ABORRECIDO POR LOS MÁS CERCANOS.**

Es claro que ninguno de nosotros quiere ser mal esposo, mala esposa, mal padre o mala madre, así que no es una cuestión de intenciones sino una cuestión de foco y estrategia. Foco porque debemos meditar con la voluntad sobre cómo protegemos nuestros vínculos más cercanos, y estrategia porque hay mecanismos que ayudan y otros que no, independientemente de que tengamos los mejores deseos.

INFLUENCIA

Aunque este no es específicamente un libro para matrimonios o para padres, no me puedo dar el lujo de descuidar el compartirte algunas ideas que me hubiera gustado conocer más temprano en mi vida, y la primera es esta: El matrimonio y la paternidad son posiciones de liderazgo. Siempre serás de influencia en la vida de tu pareja, y todas las investigaciones neurocientíficas, psiquiátricas y psicológicas coinciden en que siempre serás la principal influencia en la vida de tus hijos también, por lo que mejorar tu influencia en ellos no debe ser un accidente sino una decisión.

Otra idea es que resulta vital añadir voces de valor en la vida de tus seres más queridos. Es ridículo creer que tu sola influencia es suficiente. Tu esposa o esposo y tus hijos necesitan a otros líderes que sean fuentes de estímulo, consuelo y dirección en sus vidas. En los programas para padres de e625.com hablo mucho de cómo los padres necesitamos "cómplices espirituales" en la formación espiritual de nuestros hijos. En particular en la adolescencia, cuando dejan de admirarnos como cuando eran niños, ellos necesitan que otros adultos sean puntos firmes y positivos de referencia. En muchas ocasiones, simplemente para decirles lo mismo que nosotros, pero con otra voz. Por eso, debe ser motivo de oración y trabajo encontrar las personas correctas. Estas voces pueden venir de la familia extendida,

TU OIKOS

y definitivamente deberían venir de la iglesia, y cuanto más presentes estén en sus vidas, mejor. De hecho, cada vez me convenzo más de que esta fue una de las grandes motivaciones de Dios al soñar con la Iglesia.

E625.com tiene distintos libros que pueden ayudarte en cualquiera de estos roles, porque en el momento en que tu familia esté en serios problemas, tu desempeño en otros ámbitos, como el liderazgo, se verá afectado, y tu autoridad moral se verá desafiada. Quizás esto sea todavía más crucial para quienes estamos en el ministerio. Prácticamente en ninguna otra profesión estamos tan expuestos al escrutinio de nuestras familias como en el liderazgo cristiano, y no tengo manera de darte una crema emocional para calmar esa picazón. Es así, y siempre será así, porque nunca será del todo creíble nuestro mensaje a menos que haya evidencias en quienes nos conocen más de cerca.

El para qué de tus finanzas

El siguiente aspecto de tu *oikos* son las finanzas, y es inevitable que estas tengan un peso en tu capacidad de influencia.

Aunque sea una sobre simplificación y tenga muchos matices, a grandes rasgos hay cuatro tipos de sistemas

INFLUENCIA

económicos: El capitalismo, que dice que todo es del propietario; el comunismo y el socialismo, que dicen que todo es de todos (o que al menos hay que repartirlo más equitativamente y en la práctica ese reparto lo hace el estado); y el cristianismo, que dice que todo es de Cristo. *¿No es por eso por lo que le llamamos Señor?*

Todo, y no solo el 10% como se insiste en algunos círculos, es de Dios, y nosotros solamente somos mayordomos que administramos la porción que Dios nos ha prestado y la cual debemos multiplicar. Tal como dijimos al comienzo de estas páginas y como leemos en Mateo 25:14-30, a nosotros nos toca multiplicar lo que tenemos, y no podemos desconocer que la palabra "talento" en ese texto se refiere a una medida económica, como hoy diríamos "dólar", "peso" o "yen".

Hace un tiempo se me acercó un joven líder a abrirme su corazón, y me contó que sentía un gran conflicto interior porque él tenía la ambición de hacer más dinero y, a la vez, soñaba con servir al Señor. Según el lugar del mundo en que estés leyendo este libro puede que te suene extraño que este sea un dilema. Habiendo vivido en distintos países, y habiendo servido al Señor viajando por tantos más, puedo decirte con seguridad que existen culturas muy distintas respecto al dinero.

Según este joven, su círculo de amigos cristianos tenía la perspectiva de que servir a Dios iba de la mano con renunciar al dinero, e incluso me dijo que cada vez que él hablaba de hacer crecer el ministerio que compartían, lo trataban incluso de "carnal".

De nuevo, yo sé que puede que vengas del contexto opuesto, en el que se cree que la bendición de Dios siempre se mide en resultados materiales, o que la espiritualidad de alguien sí o sí repercute en su popularidad, y entonces estos planteos seguramente te sorprendan. Pero lo cierto es que estos pensamientos han estado en la crianza de millones de cristianos.

En mi caso, por ejemplo, me crie en un hogar en el que no se hablaba de dinero. Mis padres pasaron por distintas temporadas, aunque no puedo decir que conocí la pobreza porque siempre tuvieron buenos empleos además de ser pastores sin sueldo. En la denominación de mi crianza se decía que los pastores debían ser "bivocacionales". Es decir, debían tener la vocación de servir en la congregación y desarrollar además otra vocación para pagar las cuentas, siempre citando como ejemplo lo que dice Hechos 18:3 acerca de que Pablo vendía carpas. Mi mamá era médica, y mi papá siempre trabajó en empleos relacionados a la ingeniería, y él nunca recibió un salario de la congregación aunque la sirvió hasta sus límites durante toda su vida laboral.

El conflicto de este joven, y probablemente el del ámbito

INFLUENCIA

de mis padres, estaba enraizado en una idea de fondo que subyace en muchos rincones que dice que si hay pobres, es siempre y automáticamente porque hay ricos que los oprimen, lo cual pierde completamente de vista que usualmente las personas ricas tienen mayores posibilidades de crear empleo para que se reduzca la cantidad de pobres. El dinero no es algo quieto y fijo, que se reparte entre las personas de manera que si unos tienen más, entonces en consecuencia otros sí o sí tendrán menos. El dinero es algo que se multiplica, y por eso hoy hay más dinero que nunca antes en el mundo, y en unos años habrá más que ahora.

Pablo le escribe amorosamente a Timoteo:

> *"Los ancianos que cumplen bien su función deberían ser respetados y bien remunerados, en particular los que trabajan con esmero tanto en la predicación como en la enseñanza. Pues la Escritura dice: 'No le pongas bozal al buey para impedirle que coma mientras trilla el grano'. Y dice también: '¡Los que trabajan merecen recibir su salario!'"*
>
> (1 Timoteo 5:17-18, NTV)

La referencia a no ponerle bozal al buey que trilla viene de Deuteronomio 25:4, y tiene que ver con que en el contexto bíblico era bien sabido desde la antigüedad que los bueyes trillaban mejor cuando podían comer mientras trabajaban. En otras palabras, el incentivo era fundamental para que lo hicieran bien, y de igual manera hoy podemos observar que cuando se quitan los incentivos y se pretende una equidad de resultados sin equidad de esfuerzos, la regla común es que el desempeño empeore y no mejore.

Claro, en otros contextos, el individualismo rabioso salpicado de materialismo, concebido en el vientre de la sociedad de consumo, pareció confirmar que las riquezas personales están siempre en contraposición con el bienestar de los demás. Esta creencia fue, además, tenebrosamente retroalimentada por la mal llamada "teología de la prosperidad" que se propagó por el mundo cristiano, en especial los sectores carismáticos, y que puso un énfasis equivocado en los bienes materiales, equiparándolos a señales de la bendición de Dios, y convirtiendo a la fe y las ofrendas en medios para obtener una mayor provisión material.

Y digo *mal llamada* "teología de la prosperidad" porque yo sí creo que la Biblia tiene enseñanzas para nuestra prosperidad, y que la multiplicación de las riquezas perfectamente puede estar en sintonía con la voluntad de Dios para nuestras vidas. El problema con la teología equivocada es estar basada en la idea de un Dios con el que se hacen transacciones mágicas para soltar su generosidad a través de pactos económicos, o un Dios a quien se le

INFLUENCIA

compran los milagros. Que se haya propagado tanto esta idea es una tragedia. Lo que definitivamente sí creo es que alguien con el fruto del Espíritu Santo que describe Pablo en Gálatas 5:22-23 será una persona que podrá hacer una buena mayordomía y multiplicar sus medidas económicas para honrar a Dios con el valor que le agrega a la sociedad. De hecho, ¡necesitamos más cristianos que generen empleos, riquezas y oportunidades!

Pablo dice algo muy interesante a los filipenses cuando les habla sobre los efectos que puede tener en el corazón tanto la pobreza como la riqueza:

> "... he aprendido a estar satisfecho en cualquier situación en que me encuentre. Sé lo que es vivir en la pobreza y lo que es vivir en la abundancia. He aprendido a vivir en cualquier circunstancia: tanto a quedar satisfecho como a pasar hambre, a tener de sobra como a sufrir por no tener nada".
>
> (Filipenses 4:11-12)

Pablo no está despreciando la riqueza, sino que está hablando aquí de la posición de nuestros corazones. Su testimonio exhibe el valor de encontrar satisfacción interior más allá de la situación económica, y esto, se logra teniendo las motivaciones correctas. Por eso a mí me resultó muy inspirador, e incluso liberador, conocer la historia de Henry Crowell.

El padre de Henry había muerto de tuberculosis cuando él tenía nueve años, y por eso se llenó de temor al contraer la misma enfermedad a los diecisiete. Parecía que Henry estaba muriendo cuando lo invitaron a una cruzada evangelística de D.L. Moody en Cleveland, Ohio. Al escuchar la conocida frase de Moody: *"El mundo todavía no ha visto lo que Dios puede hacer con un hombre completamente consagrado a Él"*, Crowell decidió convertirse en un hombre de Dios. Al orar esa noche, pensó: *"Yo no puedo hablar como este predicador, pero puedo hacer suficiente dinero para sostener a varios hombres como él"*. Y esa misma noche Crowell le dijo a Dios: *"Señor, si tienes a bien darme sanidad, yo usaré todas mis habilidades para hacer mucho dinero y sostener tu obra"*.

Algunos meses más tarde Henry fue curado de la tuberculosis, y comenzó a invertir los bienes de su familia comprándoles una estancia con un molino a unos cuáqueros, un grupo de cristianos protestantes, pacifistas, y con una ética de trabajo muy rigurosa. Luego pensó que serían una linda marca para su empresa. Así comenzó la compañía Quaker, que es hoy una de las empresas de avena, cereales, pastas y galletas, más reconocidas y respetadas del mundo.

Durante los siguientes años, Henry destinó entre el 60 y el 70 por ciento de sus ganancias a la obra del Señor. El

INFLUENCIA

Instituto Bíblico Moody en la ciudad de Chicago, lugar en el que hemos hecho eventos con e625.com, nació gracias al dinero que Crowell ofrendó. Las primeras imprentas cristianas en los Estados Unidos fueron iniciativa de Crowell, y también lo fueron las primeras cadenas radiales cristianas del mundo.

> **SI EL DINERO ES UNA NECESIDAD DE UN CORAZÓN DESNUDO, NECESITAMOS MEJORES ROPAS COMO LA GRACIA, EL PROPÓSITO Y LA SABIDURÍA.**

La cuestión con el dinero, cuando entendemos que todo lo que tenemos es de Dios, es para qué lo queremos. Si el dinero es una necesidad de un corazón desnudo, necesitamos mejores ropas como la gracia, el propósito y la sabiduría, pero si lo discernimos como una herramienta que debemos multiplicar para fortalecer nuestro *oikos* y agregar valor a más personas, entonces lo convertiremos en un instrumento de redención que amplíe la influencia de Cristo a través de la nuestra.

Alianzas estratégicas de amistad

Lo que vuelve a salir a la luz aquí es que los líderes que

TU OIKOS

viven en armonía en todas las esferas de su vida, son herejes para la religión de la autosatisfacción y el popular culto al yo. No piensan con el "yo" adelante, sino que desean el éxito de otros, y por eso saben hacer alianzas de amistad y colaboración.

¿Sabías cuánto de tu salud mental, espiritual, e incluso física, tiene que ver con la profundidad de tus relaciones?

Muchísimo. Las investigaciones lo corroboran, y Jesús también lo modeló. Su paso de influencia por la tierra estuvo enmarcado y protegido por relaciones de amistad que Él supo construir. Mira lo que les dijo a sus discípulos:

> *"Ya no les digo siervos, porque un siervo no sabe los planes de su amo. Les digo amigos porque les di a conocer todo lo que he escuchado del Padre. Ustedes no me eligieron a mí, sino yo a ustedes, y les encargué que fueran y dieran fruto. Mi deseo es que su fruto dure..."*
> (Juan 15:15-16, PDT)

Los amigos primero se eligen, y luego se invierte en ellos.

Nuestra salud demanda que pasemos tiempos de alegría, intercambio y colaboración, con personas que nos conocen, y esto no puede ser algo que se produzca de manera circunstancial, sino que debe ser algo que elegimos.

Y es (y debe ser) un ida y vuelta.

INFLUENCIA

La soledad es una chismosa. Le gusta contarnos cuentos fantasiosos que contaminan la imaginación, y esto no se puede contrarrestar con relaciones parasociales, de esas que hoy es posible desarrollar a través de los distintos aparatos electrónicos. Las amistades que más nutren son las que se disfrutan de manera cercana y en persona. Esta clase de amistades protegen nuestros pensamientos y acciones, al mismo tiempo que nosotros protegemos los pensamientos y acciones del otro.

Estas amistades nos liberan también de esa empatía tóxica, tan publicitada en las redes sociales, que escondida detrás de la máscara de "respetar al otro" pregona que "amar es no meterse". Digámoslo claro, si alguien que amo se dirige hacia un descarrilamiento de salud, financiero, o relacional, y en lugar de decirle que el puente está roto yo no le advierto porque priorizo el gustarle, eso se llama cobardía y autoprotección. Eso no es empatía, y realmente sería una maldición recibir ese trato de parte de nuestros seres más cercanos.

Lo que necesitamos entonces son amigos que tengan permiso de corregirnos, desafiarnos, afilarnos y podarnos.

Recuerda que tus amistades cercanas son parte de tu *oikos*. Por eso debes cuidarlas, invertir en ellas, y multiplicarlas, ampliando siempre ese círculo con cuidado y siendo consciente de que repercutirá en tu salud, tu riqueza, tu familia y tu desempeño laboral.

La siguiente generación

Por último, al pensar en la protección y ampliación de nuestro *oikos* creo que debemos recuperar la memoria sobre cuánto le importa a Dios que pensemos en las siguientes generaciones, y cuán orgánico debe ser esto para nosotros.

> LA SOLEDAD ES UNA CHISMOSA. LE GUSTA CONTARNOS CUENTOS FANTASIOSOS QUE CONTAMINAN LA IMAGINACIÓN.

En el colosalmente importante texto de Deuteronomio 6 leemos:

> "*¡Escucha, Israel! El Señor es nuestro Dios, solamente el Señor. Ama al Señor tu Dios con todo tu corazón, con toda tu alma y con todas tus fuerzas. Debes comprometerte con todo tu ser a cumplir cada uno de estos mandatos que hoy te entrego. Repíteselos a tus hijos una y otra vez. Habla de ellos en tus conversaciones cuando estés en tu casa y cuando vayas por el camino, cuando te acuestes y cuando te levantes. Átalos a tus manos y llévalos sobre la frente como un recordatorio. Escríbelos en los marcos de la entrada de*

INFLUENCIA

tu casa y sobre las puertas de la ciudad".
(Deuteronomio 6:4-9, NTV)

En este pasaje, del versículo cuatro al seis tenemos lo que conocemos como "el gran mandamiento", y luego de eso la primera medida táctica es… ¡compartirlo con nuestros hijos! Esto evidencia que la transferencia de la fe a la siguiente generación es una prioridad en los mandamientos de Dios. *¿Por qué?* Porque es parte de este instinto de trascendencia que Dios depositó en nosotros, y que incluso moviliza nuestro deseo de tener hijos.

Dejar un legado no es opcional. Lo opcional es hacerlo intencionalmente bien.

Es interesante ver que en hebreo este texto comienza con las palabras *"Shemá Israel"*, las que traducimos como "Escucha, Israel". La oración conocida como *"el Shemá"*, que surge de este pasaje, es tal vez la oración más importante dentro de la religión judía, siendo repetida a diario por los judíos observantes. Pero este es un llamado para todos: la transferencia de fe a la siguiente generación es una táctica de supervivencia, y debe estar en lo más alto de nuestras prioridades. Si amamos a Dios, entonces debemos ser intencionales en que la siguiente generación lo ame también. Esto define nuestro legado y debe ocupar un lugar central en nuestro *oikos* cristiano.

Además, las nuevas generaciones siempre serán la tierra más fértil para nuestra influencia. Por diseño de Dios, ellos están cambiando, aprendiendo, probando, y durante esta etapa van a tomar las decisiones más condicionantes de la vida. Yo sé que puede sonar parcial que escriba esto, porque he dedicado las últimas décadas de mi vida a esta tarea, pero lo creo hasta lo más profundo de mi ser: El discipulado cristiano de las nuevas generaciones es crucial para la vida de la iglesia, es clave para la vida del planeta Tierra, es condicionante para el desarrollo sano de la humanidad, y es una fuente de significado, propósito e impacto para cada cristiano.

Me encanta lo que escribió Michael J. Wilkins en el *Comentario bíblico con aplicación: "La forma de discipulado que Jesús instituye es inesperada y chocante, porque rompe las barreras entre las clases sociales, revoca los conceptos religiosos del bienestar y abole la adherencia servil a las tradiciones culturales religiosas".*

Jesús eligió el modelo de las relaciones significativas como su *"modus operandi"*. Aunque ocasionalmente habló a multitudes, resulta claro al leer los Evangelios que Él pasó la mayor parte de su tiempo discipulando a quienes luego comandarían la multiplicación de su influencia por el resto del mundo, como vemos en el libro de los Hechos.

INFLUENCIA

Al principio del capítulo mencioné que en toda familia dependemos de las voluntades de otros. Que los hijos desobedezcan no siempre es culpa de los padres, como vemos en la historia del hijo pródigo. En este relato Jesús no sugirió que el padre hubiera hecho nada equivocado, así como tampoco fue culpa de Dios que Adán y Eva hayan tomado del fruto prohibido, ni es culpa tuya que alguien te sea infiel. Siempre tendremos que navegar por la vida condicionados hasta cierto punto por las voluntades de otros. Sin embargo, hay una cosa que podemos controlar y es nuestra voluntad. Por ella sí somos responsables, y por eso es tan importante que busquemos capturar la imagen de nuestro *oikos* en todo su color, entregándole nuestra plena conciencia y nuestro más honesto esfuerzo.

10

SANIDAD PARA EL CINISMO

SANIDAD PARA EL CINISMO

Tu vida cuenta. Lo percibes, y es tu deseo que otros lo perciban también. Es el instinto de trascendencia con el que Dios te creó. En otras palabras, Dios te hizo para eso. Él te creó para que dejaras una marca en este mundo que nadie más puede dejar, y no, no es una exageración, porque eso es precisamente lo que hacen tus huellas dactilares.

Todos los seres humanos fuimos diseñados para ser emprendedores, y por eso tu anhelo de influencia debe ser liberado con la libertad asombrosa que solo el Espíritu de Dios puede desatar en nosotros.

¿*Y cuál es tu criptonita?* El cinismo.

El cinismo es temor disfrazado de inteligencia. Es cobardía

INFLUENCIA

que lleva la máscara del sarcasmo.

El cinismo es, ante todo, una manera de hacer frente a la vida, una sabiduría aparente pero mezquina basada en una forma de pensar crítica, desconfiada, desesperanzada y estéril.

El cinismo te preguntará al oído *"¿Para qué vas a intentarlo?"*. Te recordará todas tus carencias y las de los demás, y tratará de sugerirte que no vale la pena el esfuerzo.

Incluso, en sus ratos más perversos, tendrá el descaro de citarte la Biblia, así como Satanás la usó al intentar tentar a Jesús. Te citará, por ejemplo, Juan 3:30, y te dirá que deberías querer ser invisible porque Juan el bautista dijo que él debía menguar, sin explicarte el contexto práctico al que Juan se estaba refiriendo, que era que su rol de preparar el camino para Jesús estaba llegando a su fin.

Por eso debemos preguntarnos: *¿Cuál es la criptonita para esta criptonita?*

El antídoto para la criptonita es una moneda. Una cara de esta moneda es estar empapados de la verdad de Dios para poder responder con revelación bíblica incluso a las acusaciones hechas con la Biblia, y la otra cara es el gozo del Espíritu. Sí. Cuando el gozo y la verdad comparten suficiente tiempo juntos, generan vida.

SANIDAD PARA EL CINISMO

La verdad del liderazgo

Contrariamente a lo que he escuchado en algunos círculos cristianos, Jesús nunca dijo que esté mal ser el primero, o el mejor, o que sea poco espiritual ser ricos ni aspirar ser alguna de estas cosas. Claro, tampoco dijo que esos fueran sinónimos de fortaleza espiritual.

Cuando en Mateo 20 Jesús habló sobre nuestras aspiraciones y sobre la práctica del liderazgo, lo que hizo fue corregir con agudeza la interpretación habitual de lo que significaba "estar al frente". Luego del versículo 16, en el que dijo aquello de que los primeros serán los últimos y los últimos serán los primeros (versículo que muchas veces ha sido usado con cinismo para echar por tierra nuestras aspiraciones de influencia), sucedió la siguiente escena:

> *"Entonces la madre de los hijos de Zebedeo, junto con ellos, se acercó a Jesús y, arrodillándose, le pidió un favor.*
> *—¿Qué quieres? —preguntó Jesús.*
> *Ella le dijo:*
> *—Ordena que en tu reino uno de estos dos hijos míos se siente a tu derecha y el otro a tu izquierda.*
> *—Ustedes no saben lo que están pidiendo —respondió Jesús—. ¿Pueden acaso beber el trago amargo de la copa que yo voy a beber?*
> *—Sí, podemos.*

INFLUENCIA

—Les aseguro que beberán de mi copa —dijo Jesús—, pero el sentarse a mi derecha o a mi izquierda no me corresponde concederlo. Eso ya lo ha decidido mi Padre.

Cuando lo oyeron los otros diez, se indignaron con los dos hermanos. Jesús los llamó y dijo:

—Como ustedes saben, los gobernantes de las naciones oprimen al pueblo y los altos oficiales abusan de su autoridad. Pero entre ustedes no debe ser así. Al contrario, el que quiera hacerse grande entre ustedes deberá ser su servidor y el que quiera ser el primero deberá ser esclavo de los demás, así como el Hijo del hombre no vino para que le sirvan, sino para servir y para dar su vida en rescate por muchos".

(Mateo 20:20-28, NVI)

Pienso que la respuesta de Jesús a la pregunta de esta madre fue maravillosa. Él no le dijo (como se ha enseñado tantas veces), que estuviera mal lo que ellos querían. Lo que dijo es que ellos no sabían realmente lo que estaban pidiendo, y por eso les preguntó si estaban dispuestos a beber el trago amargo que Él bebería. En otras palabras: *¿Quieren la recompensa de una mayor influencia?* Tienen que seguir el mismo camino de Jesús. Deben estar dispuestos a pagar el precio del sacrificio. Luego Jesús lo hizo todavía más contundente al decir: *"el que quiera ser el primero deberá ser esclavo de los demás".*

En resumen: *¿Quién es el mejor líder según el significado que le da Jesús?* Aquel que está dispuesto a dar más para servir a los demás.

Esta es la verdad en la que tenemos que pararnos con fe: Dios espera que multipliquemos su influencia, y está de nuestro lado cuando lo hacemos.

No importa el precio.

No importan los talentos que tengan otros.

Ni siquiera importa tanto dónde estás en este momento.

Lo que importa es a dónde vas y cuál va a ser tu próximo paso.

La aventura del gozo

Lo siguiente es desatar el gozo, y para hacerlo es indispensable recordar que nada grandioso ha sido nunca logrado por quedarse pegados al *statu quo*. Si queremos crear algo nuevo y mejor, entonces asumir riesgos debe ser parte de nuestro repertorio. Los sentimientos incómodos que surgen ante el estrés intenso que te produce algo que te da terror pero que sabes que debes hacer, no son señales de que te diriges hacia el fracaso. Ese es tu cerebro reconociendo que te enfrentas a un gran desafío, y organizando los recursos de tu cuerpo para darte el ímpetu interior que necesitas para lograr el éxito anhelado. Esos latidos que son como golpes de reloj de pared, y esa respiración acelerada,

INFLUENCIA

te están ayudando a entregarle un litro adicional de sangre rica en oxígeno a tu cerebro. Tus músculos se tensan para ayudarte a desempeñarte en niveles superiores al del techo de la seguridad, y después...

El gozo.

La satisfacción interior de haber estado en el centro de la voluntad de Dios para tu vida, superando el miedo y llegando más allá de las fronteras del misterio.

El misterio es algo muy interesante en nuestras vidas. Un misterio no solo es algo que no podemos entender, sino algo de lo que podemos aprender infinitamente.

Cada latido de nuestro corazón es Dios dándonos golpecitos de misericordia que podemos usar para agregarle valor a su creación, aún en medio de los misterios de la vida.

Todos necesitamos experimentar estas sensaciones para sentirnos gozosos de estar vivos.

El gozo una de las más poderosas manifestaciones del Espíritu de Dios en nosotros (Gálatas 5:22) y es para la vida como el hidrógeno para el agua. Cura almas, contagia ganas, crea propósitos y brinda descanso. El gozo verdadero emerge de responder sin pudor a nuestro instinto de trascendencia que agrega el valor de la influencia de Cristo en otros.

El gozo que recrea el Espíritu es mucho más maravilloso de lo que suponemos, porque no es alegría pasajera basada en que las circunstancias en un momento determinado sean las ideales, sino que surge de un estado de misión. De progreso continuo, presencia y fe.

El gozo entiende que el destino es el viaje, y vive el presente con expectativas de futuro, pero dejando que el presente esté presente y no se disipe en apuros innecesarios que tienen más que ver con las opiniones de fantasmas que con las personas que amamos y con lo que fuimos creados para ser.

El gozo de traficar la influencia de Cristo a otros incluso otorga espacio para toda la gama de emociones humanas sin reprimirlas, aunque dándoles sentido. Esto puede incluir el enojo, la frustración y la tristeza, que también son regalos que sirven para hacernos más fuertes.

Inflables

Uno de los juegos favoritos de mi niñez era ir a esos saltarines inflables. Allí podías saltar y saltar, y te daba la impresión de que caminabas en la luna. Mis padres y mis tíos solían llevarnos a mis primos y a mí a la ciudad de Santa Teresita, en la costa de Buenos Aires, y justo enfrente de donde nos quedábamos había un terreno en el que cada verano ponían uno de esos saltarines inflables que me transportaban a otro mundo. La experiencia me llenaba de adrenalina porque me permitía llegar mucho más alto de lo

INFLUENCIA

que podía con mi pequeña estatura.

Algo así sucede en nuestra vida espiritual adulta. Nuestra estatura espiritual es limitada, pero sabiendo saltar con fuerza en el lugar correcto podemos llegar mucho más alto.

Hoy por hoy es muy fácil caminar sonámbulos por la vida, operando en el nivel de "suficientemente bueno" a la hora de definir un destino, y luego avanzando en piloto automático mirando todo el día una pantalla. Sin embargo, si queremos ser mayordomos fieles y ampliar nuestra influencia debemos despertar a nuestra propia capacidad de crecimiento.

Nuestra inteligencia, nuestros talentos y nuestros hábitos son todos notablemente maleables, y apoyados en la fortaleza del Espíritu pueden ayudarnos a llegar mucho más lejos. Incluso cuando otros piensen que somos torpes por no ceder ante los patrones de este mundo, podremos surgir victoriosos en el largo plazo actuando con una esperanza puesta en Jesús.

Quizás escuchaste alguna vez la historia de Douglas Bent, un suboficial de la Marina de los Estados Unidos que fue capturado durante la Guerra de Vietnam. Él logró que sus captores lo consideraron poco inteligente, lo que incluso le valió que le llamaran "el increíblemente estúpido", porque Douglas parecía estar demasiado confundido con todo lo que sucedía y continuamente tarareaba una canción en lugar de hablar. También fingió que no podía leer ni escribir.

SANIDAD PARA EL CINISMO

Durante todo el tiempo que estuvo en cautiverio Bent siguió comportándose de la misma manera, lo cual llevó a sus captores a creer que padecía un trastorno mental.

Después de ser liberado (probablemente porque les resultaba insoportable, además de que no les parecía para nada peligroso) Bent regresó a los Estados Unidos, y allí sorprendió a todos cuando mostró que podía enumerar más de 250 nombres de prisioneros de guerra desaparecidos y su ubicación específica. Él había memorizado ingeniosamente estos nombres asociándolos con la melodía de la canción para niños *"Old MacDonald Had a Farm"* (conocida en español como *"El viejo MacDonald tenía una granja"*), la misma melodía que había tarareado todo el tiempo durante su encarcelamiento.

Enterarme de esta historia me hizo sonreír al pensar en cuántas veces podemos ser considerados tontos para el mundo por no ceder a la colonización cultural del consumismo, y a la vez estar haciendo algo brillante. El statu quo quiere hacernos vivir dentro de la seguridad y buscando acumular cosas, en vez vivir asumiendo riesgos y acumulando historias. Por eso tenemos que estar dispuestos a pasar por tontos, sabiendo que tenemos una estrategia superior para conseguir nuestros objetivos: saltar en el lugar correcto, que es siempre a donde nos dirija el Espíritu de Dios.

INFLUENCIA

Con lo que está en tu mano

La influencia que Dios quiere que ejercitemos no puede reducirse a lo que hacemos dentro del ecosistema de un templo cristiano.

Él te dio capacidades y oportunidades únicas, y te asignó para que vivieras en un momento único de la historia, con relaciones también únicas. Desde este lugar preciso es que su influencia depositada en tu vida debe crecer y amplificarse.

Michael R. Braer cuenta en el libro *La empresa como misión* que una vez le preguntó a una cristiana de Indonesia por qué el país había pasado a ser predominantemente musulmán siendo que ese no era su origen. La respuesta que recibió le sube el volumen a lo que estamos diciendo. Esta cristiana indonesia le explicó que cuando llegaron al país los cristianos occidentales, mayormente procedentes de Holanda, construyeron hermosos templos con la expectativa de que los indonesios acudieran a ellos. Los musulmanes, en cambio, llegaron como comerciantes, agricultores, mercaderes, y empresarios, y su énfasis estuvo en convivir y relacionarse con los nativos. ¿Cuál fue el resultado? Hoy en día hay más de 200 millones de indonesios que son musulmanes, y esto es porque la expansión del islam no se dio mediante misioneros profesionales y sus templos, sino mediante personas de todas las profesiones que se sumergieron en su cultura y fueron de influencia con su fe en todos los sectores de la sociedad.

Resulta crucial entender y abrazar esto: La iglesia debe volver al sacerdocio universal de los creyentes. Necesitamos entender que todos y cada uno de nosotros estamos llamados al ministerio en todas las facetas de nuestras vidas.

Todos, absolutamente todos los cristianos fuimos escogidos para alabanza de la gloria de su gracia (Efesios 1:3-7), lo que significa que fuimos elegidos con el plan de que el mundo pueda vernos y convencerse de que vale la pena confiar en la maravillosa bondad de Dios para lograr una vida de margen, oxígeno e influencia.

Retrato del liderazgo espiritual

Debemos ver y no tan solo mirar, y para eso es crucial contar con imágenes claras y vívidas en nuestra imaginación de qué es exactamente lo que estamos persiguiendo. No contar con eso sería como intentar armar un rompecabezas sin la imagen que estamos intentando armar, o peor, con una imagen que no es la correcta. Por eso me encanta la descripción que se hace en Salmos 15:1-5 de cómo se ve un liderazgo espiritual.

Antes de leerlo, te confieso que por muchos años rechacé prestarle atención a este texto debido a una vieja canción

INFLUENCIA

mal utilizada que me hizo tomarle bronca. Quizás la recuerdes. Era un himno citando el Salmo 15 y su lista de virtudes, y se usaba perdiendo de vista de que ellas son un objetivo y a la vez un préstamo que tenemos en Jesús. Él es el único que las cumple todas, y por eso resulta tan urgente ampliar nuestra compresión de la revelación bíblica y encontrarnos con la doctrina de la expiación, para poder darle el marco completo de interpretación. La expiación evoca la justicia sustitutiva. Jesús fue el que pagó el precio para que podamos entrar a su presencia, y lo que a nosotros nos toca es poner nuestra fe primero en el sacrificio de Jesús, y luego en la acción divina de su Espíritu que forma el carácter de Cristo en nosotros.

Ahora sí, leamos juntos Salmos 15:1-5:

> *"Señor; ¿quién puede habitar en tu santuario? ¿Quién puede vivir en tu santo monte?*
> *Sólo el de conducta intachable, que practica la justicia y de corazón dice la verdad; que no calumnia con la lengua, que no le hace mal a su prójimo, ni le acarrea desgracia a su vecino; que desprecia al que Dios reprueba pero honra al que le teme al Señor; que cumple lo prometido aunque salga perjudicado; que no cobra intereses sobre el dinero que presta y se niega a ser testigo contra el inocente por mucho que se le quiera sobornar. Una persona así permanecerá siempre firme".*

SANIDAD PARA EL CINISMO

La foto del liderazgo espiritual debe tener, entonces, las siguientes características:

- **Descansa en la gracia**, confiando en que la salvación viene de Jesús y no de sus propias capacidades humanas. Esto le permite tener un renuevo constante, porque los esfuerzos de quien descansa en la gracia no son los de alguien intentando no morir ahogado, sino los de alguien que quiere domar las olas, probarse a sí mismo, e inspirar a otros.

- **Desarrolla integridad,** protegiendo su corazón y afirmándose en la verdad, y no solo cuidando las apariencias.

- **Cuida su lengua,** porque ella abre o cierra puertas. Libera destinos o los limita. Ilumina imaginaciones, o las distrae o contamina.

- **No busca perjudicar**, porque quiere que otros ganen y entiende que el éxito de otros no implica desprecio del propio, sino la posibilidad de colaboración para los mismos objetivos.

- **Habla contra lo que es incorrecto,** porque su empatía no es cobarde, y entiende la diferencia entre corregir por vanidad y corregir por amor al otro.

INFLUENCIA

- **Honra a quienes practican el bien,** porque entiende que todos necesitamos aliento y que el desanimo es un enemigo de nuestras almas.

- **Mantiene su palabra aunque le demande un costo,** porque su compromiso es con Dios y no solo con los hombres.

- **No busca ganar a cualquier costo,** porque entiende que la manera de jugar tiene el poder de influenciar a otros, a veces incluso más que el resultado.

- **Permanece estable y cuida su siguiente paso,** porque entiende que nadie puede ser fiel en lo mucho sino aprendió primero a serlo en lo poco.

David Brooks, en su libro *The Road to Character* (El camino al carácter), señala que la gente humilde es la que está dispuesta a enfrentarse a sí misma.

La lucha interior contra las propias debilidades es el drama central de la vida, y no podemos dar nuestras batallas por perdidas. Las decisiones valientes deben convertirse en nuestra identidad e historia. Deben ser hábitos, y no solo deseos o pasiones.

El profesor Cal Newport de la Universidad de Georgetown sostiene que, contrario a lo que pregona la sociedad *pop*, "sigue tu pasión" es un mal consejo. Según él, numerosas investigaciones confirman que una pasión duradera surge de una actividad repetida que uno aprende a hacer con naturalidad y en la que uno puede ver un impacto.

Newport explica: *"Llegué a esta conclusión después de pasar un año investigando una pregunta básica: ¿Qué hace que las personas amen lo que hacen para ganarse la vida? Esta investigación reveló dos aspectos que van en contra de la idea de seguir la pasión. Primero, resulta que pocas personas tienen pasiones preexistentes que puedan relacionar con un trabajo. Decirles que 'sigan su pasión', por lo tanto, es una receta para la ansiedad y el fracaso. Segundo, incluso cuando la gente se siente fuertemente atraída hacia algo, décadas de investigación sobre la satisfacción laboral nos han enseñado que necesitas mucho más que un interés preexistente para transformar tu trabajo en algo que ames. Muchos apasionados panaderos, por ejemplo, se derrumban bajo el estrés de tratar de dirigir una panadería, al igual que muchos apasionados fotógrafos han perdido interés en el arte al ser forzados a documentar otra interminable boda más..."*

"Si quieres terminar apasionado por tu vida laboral", dice Newport, *"necesitas una estrategia que sea más sofisticada que simplemente intentar descubrir una pasión innata conectada a tu ADN"*. Luego continúa proponiendo que primero viene el desarrollo de una habilidad que podamos conectar con un resultado que entusiasma a otros, y recién después llega una pasión que podemos sostener a largo

INFLUENCIA

plazo. Esto es lo mismo que dijimos antes acerca del significado.

Influencia desde la esperanza

Dios depositó talentos en nuestras vidas. Algunos son visibles desde temprano y otros van apareciendo a medida que pasa el tiempo, y algunos de esos talentos no son habilidades naturales sino personas y oportunidades.

Dios puso esos talentos en nuestras vidas con esperanza, y su esperanza ahora debe ser la nuestra para perfeccionarlos y multiplicar su impacto. La esperanza va en contra de todas esas afirmaciones que provienen de voces que no son la de un Dios; es la negativa a aceptar la opinión mayoritaria.

El teólogo Walter Brueggemann escribió que *"la esperanza es subversiva, porque limita la grandiosa pretensión del presente, atreviéndose a anunciar que ese presente va a ser desafiado por un mejor futuro".*

Cuando el cinismo trate de desanimarte desde adentro, o desde la voz de alguien más, respóndele con su misma ironía, diciendo: "Yo ya he muerto a mí, así que no tengo nada que perder. No me importa cuantas veces haga el ridículo. Ni siquiera me importa si llego a lograrlo. Para mí todo es ganancia, porque Dios me ha comprado y adoptado, y por eso lo intentaré con esperanza".

Pablo les escribió a los romanos: *"...le pido a Dios que los*

SANIDAD PARA EL CINISMO

haga rebosar de esperanza por el poder del Espíritu Santo" (Romanos 15:13), y esta también es mi oración puesta en tu vida.

¡Vamos! Tu influencia es un regalo de Dios. Que ahora sea un regalo tuyo para Él.

Cuando el gozo y la verdad comparten suficiente tiempo juntos, generan vida.

El gozo de traficar la influencia de Cristo a otros incluso otorga espacio para toda la gama de emociones humanas sin reprimirlas.

El statu quo quiere hacernos vivir dentro de la seguridad y buscando acumular cosas, en vez vivir asumiendo riesgos y acumulando historias.

Los esfuerzos de quien descansa en la gracia no son los de alguien intentando no morir ahogado, sino los de alguien que quiere domar las olas.

Las decisiones valientes deben convertirse en nuestra identidad e historia. Deben ser hábitos, y no solo deseos o accidentes.

El cinismo es temor disfrazado de inteligencia. Es cobardía que lleva la máscara del sarcasmo.

Notas bibliográficas

Llegar a decir que "leo, luego existo" podría parecer exagerado, pero ha sido una práctica en mi vida que me ha acompañado desde que no podía dormirme a la noche sin antes leer al menos unas páginas de alguno de los libros amarillos de la colección Robin Hood, que eran los libros clásicos de novelas y aventuras que tenía en mi niñez. Esos libros me atrapaban, y los elegía según cuán valiente me sintiera esa noche… Aunque debo decir que cuando me sentía más intrépido era cuando abría mi Biblia ilustrada en la escena de la última plaga de Egipto, cuando mueren los primogénitos. ¡Para abrir *esa* Biblia en *esa* escena sí que tenía que sentirme valiente! Y de alguna manera, todos esos libros tienen que ver con que haya escrito esta trilogía.

INFLUENCIA

Sí. Yo sé que no es "normal" escribir una introducción para la lista de bibliografía consultada. Sin embargo, creí necesario hacerlo porque los libros que aparecen a continuación fueron los que me acompañaron como referencia mientras escribía estas páginas, pero la verdad es que todos los anteriores, incluso los de la colección *Robin Hood,* también colaboraron para que haya podido compartirte las reflexiones, incógnitas, dilemas y sugerencias de estas páginas.

Agradezco ahora a sus autores por acompañarme, desafiarme, ilustrarme y completar mis dibujos hechos palabras. Gracias...

NOTAS BIBLIOGRÁFÍCAS

Cal Newport. *Cultivating Your Craft Before Your Passion* (Cultivando tu oficio antes que tu pasión) en Maximize Your Pottential (Maximiza tu potencial). Amazon Publishing. Las Vegas, 2013.

Carlos García Gual en *La Atenas de Pericles. Muy Historia: Grecia Clásica.* Zinet Global media. Madrid, 2023.

David Brooks. *The Road to Character* (El camino al caracter). Random House. New York, 2016.

H. Dale Burke. *How to Lead and Still Have a Life* (Cómo liderar e igual tener una vida). Harvest House Publishers. Eugene, 2004.

Heidi Grant Halvorson. *Nine Things Successful People Do Differently* (Nueve cosas que las personas exitosas hacen diferente). En *On High Performance* (Acerca del alto desempeño). Harvard Business Review Press. Boston, 2022.

Jon Acuff. *Finish* (Termina). Penguin. New York, 2017.

Michael J. Wilkins. *Comentario bíblico con aplicación NVI Mateo.* Editorial Vida. Miami, 2016.

Michael R. Baer. *La empresa como misión.* Editorial Jucum. 2011.

Paolo y Karen Lacota. *Imaginiería.* E625. Dallas, 2021.

INFLUENCIA

John P. Kotter, et al. *On Leadership* (Acerca del liderazgo). Harvard Business Review Press. Boston, 2011.

Seth Godin en *A Conversation with Seth Godin on Creativity.* (Una conversación con Seth Godin acerca de la creatividad). Thought Economics, 19 de octubre de 2023. (https://thoughteconomics.com/seth-godin/)

Walter Brueggemann. *Hopeful Imagination* (Imaginación esperanzada). Fortress Press. Minneapolis, 1986.

Sigue en todas tus redes a:

 **/e625COM**

SÉ PARTE DE LA MAYOR COMUNIDAD DE EDUCADORES CRISTIANOS

Suscripción de **materiales premium** para iglesias

Recursos gratis

Tienda con envíos internacionales

Chat en tiempo real

Revista Líder 6.25

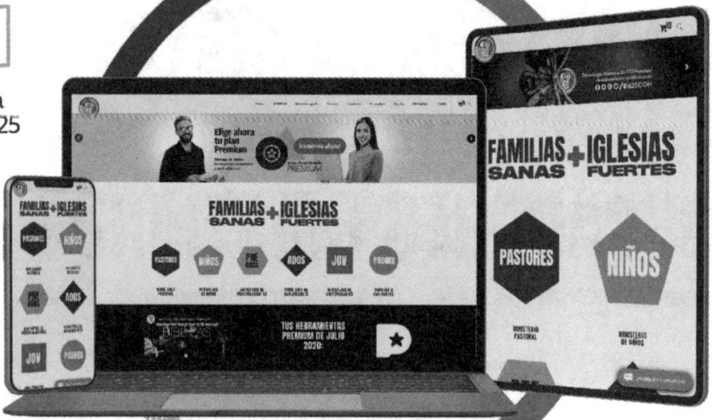

Educación online
www.institutoe625.com

Libros Online

Seminarios para iglesias locales

Eventos de **actualización** ministerial